本书系国家社科基金青年项目"土地流转后农村家庭的社会风险与保障机制研究"(项目批准号:14CSH021)结项成果

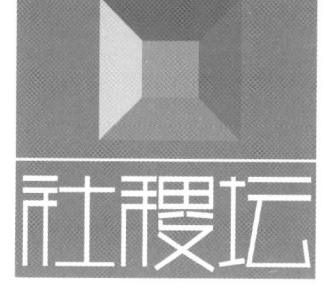

土地流转后农业经营主体的风险与保障

Risks and Security of Agricultural Entities after Land Circulation

胡艳华○著

中国社会科学出版社

图书在版编目(CIP)数据

土地流转后农业经营主体的风险与保障/胡艳华著.—北京：中国社会科学出版社，2021.8
ISBN 978-7-5203-8760-6

Ⅰ.①土… Ⅱ.①胡… Ⅲ.①农业经营—经营管理—研究—中国 Ⅳ.①F324

中国版本图书馆 CIP 数据核字（2021）第 144565 号

出 版 人	赵剑英
责任编辑	马　明
责任校对	任晓晓
责任印制	王　超

出　　版	中国社会科学出版社
社　　址	北京鼓楼西大街甲 158 号
邮　　编	100720
网　　址	http://www.csspw.cn
发 行 部	010-84083685
门 市 部	010-84029450
经　　销	新华书店及其他书店

印　　刷	北京明恒达印务有限公司
装　　订	廊坊市广阳区广增装订厂
版　　次	2021 年 8 月第 1 版
印　　次	2021 年 8 月第 1 次印刷

开　　本	710×1000　1/16
印　　张	12.5
字　　数	169 千字
定　　价	68.00 元

凡购买中国社会科学出版社图书，如有质量问题请与本社营销中心联系调换
电话：010-84083683
版权所有　侵权必究

序　言

范　可[*]

　　胡艳华教授请我为她的第二本著作作序，作为她读博时的指导教授，我当然是乐意之至，所以也就答应下来——尽管对她所讨论的问题未必了解多少。

　　胡教授在南京大学毕业的博士当中，以雷厉风行著称。她只用三年时间完成了博士生训练，写了本产生一定影响的博士论文。当年，作为一个新科博士能有这样的效果是比较少见的。我以为，她当年的研究迄今依然有其意义。她告诉了我们社会文化变迁所发生的渠道是多种多样的，大的方面自然不外是社会实体自身内在的能动性、发明、创新、涵化、传播等。但具体到微观的层面如何体现上述通则？这才是重要的。胡艳华入学之后，一直以此为追求目标，学习极为用功刻苦。作为一位母亲，她克服了"母亲"身份的暂时缺位给家庭生活带来的困难，在家人的全力支持下，准时完成了学业。并且在攻读博士的过程中获得了从院级到国家级的所有重要奖学金和奖项。重回工作岗位之后，她继续"折腾"。在担任行

---

[*] 范可，南京大学社会人类学研究所所长，南京大学—约翰斯·霍普金斯大学中美文化研究中心教授，厦门大学人类学与民族学系特聘教授，澳门科技大学通识部兼职教授，中国人类学会副会长。

政职务的同时,学术研究也没有片刻松懈,而且还到澳洲国立大学人类学系访学一年。对此,她认为受益匪浅。访学时间虽然不长,但她也抓住机遇,从事调查研究。先后就当地华人生活和澳洲农场等做了调查,取得一定的成果。

胡教授的第一本书是关于转基因作物在华中一些乡村普及之后,当地社会生活所起的一些变化。她相信,这些变化与劳动时间减少有关。换言之,种植转基因作物的劳动强度比之前种植传统作物低了许多。这其实可以是个因果关系的研究,但她采取的取向是研究相关性。我想,之所以如此,恐怕与人类学者通常如何考虑问题有些关系。人类学者通常在较小的村庄、聚落,或者邻里等从事田野工作。在这样的村落空间里,人与人的关系多半可以用"熟人关系"来形容,即所谓的"熟人社会"的状态。在这样的环境里进行调查或者参与观察,自然无需采用量化的方式。因为在为时良久的田野过程中,田野工作者基本可以做到认识其中的大部分人。而对一个人类学者而言,要是不能理解所研究对象的内心世界,那可能会产生焦虑。这么一想,我们就会觉得她在博士论文研究过程中所采用的取向也就很有道理。当地一般务农者并不清楚所种植的作物是转基因的,甚至经过解释,对于何为转基因仍然不甚了了。而人类学者总是希望理解被研究者的主观世界,仅仅通过解释因果关系,可能不足以说明问题。因而,提出韦伯式的问题也就有道理了。

在社会人文学科研究上强调主观动机的,韦伯如果不是第一人,也是影响最大的。但他所讨论的主观动机却未必与所欲解决的问题有着直接的因果关系。新教伦理对清教徒所带来的焦虑是资本主义产生的原因?这当然不是他的理解。但如果说这种焦虑与资本主义的萌生、发展毫无关系,那也说不过去。因而韦伯觉得,这种焦虑与资本

序　言

主义那种贪得无厌、不断积累聚敛财富的精神有相关性。在某种意义上，胡教授第一本书也采取了这样的取向。做得是否成功？见仁见智。无论如何，她的第一本书产生了一定的社会反响。

她的第二本书的主题是关于"土地流转"。她提出了一个值得关注，但研究相同问题者较少予以关注的问题，也就是土地流转之后的农业经营者可能面临的风险及其如何保障的问题。这是她的国家社科基金青年项目，她为此投注了较多精力。然而，如果说该著作是人类学的，还不如说是社会学的。我并不在乎每一项研究或者从事研究之个人的"学科界定"（academic identity），因为我们关注的是问题，而对提出的问题采取什么样的研究取向，是理性的选择，是由研究者所决定的。没有经过多学科训练者可能不会考虑到运用其他学科的方法和观照，但胡艳华博士原先学的是社会学；后来又在南京大学社会学院人类学研究所攻读博士学位。人类学研究所是社会学院的一个单位。这样的学科从属决定我们攻读博士和硕士的研究生通常会二者兼修。这样做当然利弊兼具，但对博士生而言，由于他们在学时间较长，看起来似乎利大于弊。

土地流转是为政府的农村发展思路之一而得到鼓励。但是，许多人面对这样的政策可能会有所疑虑而犹豫再三。毋庸讳言，计划经济思路在中国从来就没有真正消失过，其影响会限制人们的主观能动性。在这样的思路的影响下，真正意义上的创新不是一件容易的事——尤其在涉及国计民生的农业经济领域。正因为如此，进行这方面的研究难以像常规人类学那样，给自己找一个小社区作为田野点。通过它（除非该社区的土地已经全部流转经营）来回答问题并不容易，完全无法做到以点带面，因而难有类型学的意义。如果多点并举——类似多点民族志那样，则可能是另一回事，或许真可以归纳出一些通则性的结论。总之，面对这样的课题，采用社会调查的方式不失为一种妥当的方法。这种做法见效快,但缺陷自然也有。然而,我相信,在这一调查研究中,胡博士当会发现其他问题。我期待她在今后的研究中,能针对所发现的问题,进行更为深入的田野研究,得出更具有说服力的成果,为人类学在中国的发展再做贡献。

是为序。

范 可

2021年6月7日清晨

前　言

土地流转是当前农村土地改革的发展趋势，是实现乡村振兴的发展途径。土地流转后，在农村会衍生出两类重要的农业经营主体：一是土地的流入方，即农业规模经营主体；二是土地的转出方，即普通农户。与土地流转之前相比，双方与土地的关系都发生了变化：流入方会由普通的小农转变成合作社的经营者、股份合作社的老板、农场主、种植大户等；转出方则可能成为更次一级的小农，或者无田可种。几千年来，中国的农民就是靠土地吃饭过日子，土地对农民来说意味着一种保障，土地流入会增加种植规模，土地转出则会失去一部分土地。从这个意义上看，土地流转可能给农村家庭带来不同的风险。本书的学术价值在于，既有对社会风险理论的分类讨论，又有对不同农业经营主体共同风险的实践总结与提炼，回答了两类大的农业经营主体的风险在哪里、为什么会存在风险、如何应对风险问题，最后构建出社会保障机制。

本书分为六章。第一章主要对相关研究进行文献梳理，构建本书研究的问题、方法与总体框架，从社会风险和社会保障相关理论出发，在了解社会风险、社会风险成因、社会保障以及社会保障维度的基础上，结合我国土地流转实践的改革历程与政策演变，对国内外土地流转模式和土地流转相关问题如农民的意愿与行为、影响因素、成效与问题等相关文献的梳理，引出本书研究的问题，即土地流转后农村家庭的社会风险与保障机制构建路径，具体方法为多点田野调查。

第二章以李村为调查点，围绕李村合作社的历史与发展探讨农村家庭在土地流转之后的日常生活，通过观察了解他们面临的风险、现阶段如何规避可能的风险。研究发现，李村合作社的经营主体边界清晰明确，但土地流转后农村家庭的经济风险转嫁给合作社的经营者；农户的土地以非自愿性转出为主；土地部分流转后农户的心理风险呈现分化趋势。合作社经营主体表现出如下特点：为村庄精英控制且分工明确；与村庄治理主体高度重合；家庭收入并非完全依赖合作社。目前，李村合作社面临的最大风险是市场价格波动可能造成的经济损失问题，但精准扶贫为合作社的发展提供了一定的政策保障，金融扶贫也有助于农户规避部分经济风险。

第三章以太坪镇、三关镇的调查为主，因为该地股份合作组织的发展比较成熟；以纪山镇的调查为辅，它是湖北J地区比较有代表性的全村土地全流转后成立农业股份合作企业的案例。研究发现，农村股份合作企业大量流入土地，面对的将是经营农业的企业的经济风险与可能的自然风险；而村民通过土地流转，短期内农村家庭的经济收入得到提升，获得了表面的高收入；对于全村土地转出的农户，面临更多的是失地之后的社会适应及心理风险，而这种风险从未得到重视与关注。

第四章是对J市及下辖的藤村家庭农场的调查。研究发现，家庭农场的社会风险具有相似性，也具有差异性。其差异性主要体现在种植类和养殖类的家庭农场上，种植、养殖相结合的家庭农场同时具备这两者的风险。家庭农场的共同风险表现为"规模+资金"风险、市场行情波动导致的经济风险。养殖类家庭农场的风险主要涉及水质、农药和污染的风险，畜牧类的家庭农场主要有疾病或者疫情等类似风险；种植类家庭农场的风险则多是种植条件和环境方面的自然风险。在社会保障方面，与合作社相比，家庭农场能享受的保障更少，普遍将流入土地作为农场主的一种生活保障形式，而且，农场主自己承担所有的风险,有较强烈的社会保障需求。

第五章以陈村为例,呈现农村家庭自发分散型土地流转之后的生活状态,以此分析农村家庭可能面临的风险和保障问题。这种农户私下流转土地后往往存在土地流转不规范、纠纷增加、期限不稳定、在家务农老龄化严重的现象,从而导致家庭出现一定的社会稳定风险、生计保障风险与心理安全风险。

第六章形成本书的主要观点,总结土地流转之后新型农业经营主体与土地转出的普通农户的风险,构建社会保障新机制。研究认为:新型农业经营主体面临更多的经济风险与自然风险,土地转出后的普通农户可能遭遇更多的政治风险与社会风险;在新型农业经营主体中,股份合作组织的抗风险能力更强,即风险相对较低,而分散型土地流入的农户抗风险能力较弱,即面临的风险更高;对土地转出后的普通农户而言,将土地转出给股份合作组织的风险更高,部分土地转出给其他农户的风险更低。

本书最后将论证"两主多元型"农村土地流转后的风险防范和保障机制,即从宏观层面加强政府、村集体、农业技术部门在土地流转中的宏观调控与政策、技术支持;微观层面,在政府扶持的基础上还需金融、保险、医疗等部门的协调配合,同时引入农村社会工作者疏导土地流转后农户的精神压力,从心理上协调彼此的关系。这都是促进土地流转后农村社会良性运行的重要手段。

总体而言,本书在于切实了解农村家庭土地流转后不同经营主体面临的风险,以及各主体对社会保障的实际需要,从而完善社会保障理论。同时,通过政策分析探寻土地流转后农村家庭社会保障问题解决的可行路径,提出相应政策建议,以提高农村家庭土地流转后面对社会风险的适应能力。

目　　录

第一章　导论 …………………………………………………… (1)
　　第一节　风险与保障：从理论到实践 ……………………… (3)
　　第二节　背景与模式：土地流转的那些事 ………………… (12)
　　第三节　结构与方法：走在田野上 ………………………… (25)

第二章　农业合作社与"新打工者" …………………………… (29)
　　第一节　李村农业合作社的历史与发展 …………………… (34)
　　第二节　合作社的地方性与"新打工者"的风险转嫁 ……… (38)
　　第三节　风险与保障：价格波动与金融扶贫 ……………… (51)

第三章　股份合作与"农民老板" ……………………………… (59)
　　第一节　土地流转的动因与"农民老板"的形成 …………… (63)
　　第二节　老板与农民的风险分化 …………………………… (75)
　　第三节　表面的高收入与潜在的低保障 …………………… (81)

第四章　家庭农场与"农场主" ………………………………… (93)
　　第一节　J市家庭农场的历史与发展 ……………………… (99)
　　第二节　从村庄能人到农场主 ……………………………… (103)
　　第三节　家庭农场风险的同与异 …………………………… (109)

第四节　家庭农场的"风险自担" …………………………（116）

第五章　小打小闹与"黑"在城市 ………………………………（121）
　　第一节　陈村自发性土地流转的历史与现状 ………………（123）
　　第二节　"小打小闹"的日常生活 ……………………………（126）
　　第三节　是回老家还是"黑"在城市？ ………………………（133）
　　第四节　土地流转风险的多元化 ……………………………（138）

第六章　土地流转后农业经营主体的风险与保障 ……………（147）
　　第一节　风险何在？ …………………………………………（148）
　　第二节　风险何为？ …………………………………………（152）
　　第三节　风险应对：构建社会保障新机制 …………………（158）

参考文献 ………………………………………………………………（168）

后　记 …………………………………………………………………（184）

第一章　导论

2017—2022年中国农村土地流转行业发展前景分析报告表明，土地流转是当前农村土地改革的必然发展趋势，是农村农业要经历的发展途径。① 随着城市化进程的加快与农地制度改革的推进，我国土地流转规模已经从2007年的6400万亩增加到2016年的4.71亿亩，全国耕地的流转面积占比已经达到35.1%，10年间土地流转规模快速增长。

土地是农民的命根子。几千年来，中国的农民就是靠土地吃饭过日子，土地对农民来说意味着一种保障，拿在自己手里，每天看得见、摸得着，心里才踏实。土地流转会使农民失去一部分土地，从这个意义上看，它可能给农村家庭带来风险。无论是进城务工还是留守在村的家庭，土地流转后或多或少存在一种对土地的不确定感，既有精神上的，也有经济上的。这种在现代文明社会发展中产生的不确定性，贝克（Ulrich Becker）将其定义为风险社会。② 受宏观经济政策、农村环境、家庭、个体等影响，土地流转后不同农村家庭面临的社会风险状况可能不同。不同风险状况的农村家庭，对社会保障的需求也

---

① 《农村土地流转新政策》，2019年7月11日，https://www.tuliu.com/read-48870.html。
② ［德］贝克：《世界风险社会》，南京大学出版社2004年版。

土地流转后农业经营主体的风险与保障

会存在差异。有学者认为,农村土地制度改革要稳步推进,同时要给在外务工的村民提供返回农村的退路,说到底就是让村庄和土地成为农村家庭最可靠的保障。[①] 但不同风险状况的家庭或许有不同的社会保障需求,留守贫困家庭可能更需要生活保障,务工家庭则面临非农就业的医疗和失业保障问题。农村土地流转后家庭的风险处理和应对能力存在复杂性:有风险应对能力的家庭,可能因土地流转获得更多收益和其他就业机会;风险应对能力较弱的家庭,则可能在土地流转后处于劣势地位,面临贫困的社会风险。

土地流转后,在农村会衍生出两类重要的农业经营主体:一是土地的流入方,即农业规模经营主体;二是土地的转出方,即普通的农户。当然,也有学者将其细分为四类小群体,即农业规模经营主体、农业生产服务主体、粮食收购加工主体、拥有土地承包权的普通农户。[②] 本书分为两类是基于理想类型的划分,便于探讨风险问题。与土地流转前相比,流入方和转出方与土地的关系都发生了变化:流入方可能由普通的小农转变成合作社的经营者、股份合作社的老板、农场主、种植大户等;转出方则可能成为更次一级的小农,或者无田可种。

有研究认为,新型农业规模经营主体的兴起提升了农业生产力,促进了农业生产关系的变革。[③] 可见,土地流转后对乡村的经济发展和农业转型具有一定的正功能。但任何事物都有多面性,农村家庭土地流转后如果不能获得相应的社会保障支持,就会面临一定的社会风险。无论是流入方还是转出方,如果不能很好地适应新的农业生产关系,产生损失或者挫败感,可能会对社会的安全和发展带来破坏性的影响。鉴于此,研究土地流转后农村家庭的社会风险与保障机制,显

---

① 贺雪峰:《农地改革要提供返回农村的退路》,《决策》2018 年第 12 期。
② 陈航英:《新型农业主体的兴起与"小农经济"处境的再思考——以皖南河镇为例》,《开放时代》2015 年第 5 期。
③ 孙新华:《农业规模经营主体的兴起与突破性农业转型——以皖南河镇为例》,《开放时代》2015 年第 5 期。

得尤为重要，必须给予土地流转后的家庭公平的社会保障待遇，加强其应对风险的能力。本章将对相关内容进行文献梳理，从社会风险和社会保障理论出发，在了解社会风险、社会风险成因、社会保障以及社会保障维度的基础上，结合我国土地流转实践的改革历程与政策演变以及对国内外土地流转模式和土地流转相关问题如农民的意愿与行为、影响因素、成效与问题等相关文献的梳理，最后构建本书的研究视角与研究方法。

第一节 风险与保障：从理论到实践

"风险"（risk）一词来源于17世纪的欧陆，早期的风险更多的是一种自然风险，安东尼·吉登斯（Anthony Giddens）称之为外在风险。[①] 在中世纪，拉丁语"risicum"专指海上贸易带来的损失以及法律问题。在很长一段时间，风险特指无法抵抗的客观危险，与人的行为是无关的。随着人们对风险认识的深化、分类，逐渐出现了经济风险、政治风险、文化风险、社会风险等概念。

风险具有两个基本特征：一是不确定性，二是损失性。因此，社会风险可以看作"社会损失的不确定性"[②]。如何理解社会损失，要先正确认识"社会"。社会有广义与狭义之分。广义的社会是包含经济、政治、文化等各子系统的复合系统，从广义出发，只要不是个人损失，都可算作社会损失，社会风险是除个人风险之外的所有风险。狭义的社会则是与经济系统、政治系统、文化系统等并列的子系统。从狭义出发，社会损失与经济损失、政治损失、文化损失等并列，社会风险也是与经济风险、政治风险、文化风险等并列的一种风险。[③]

---

① ［英］安东尼·吉登斯：《现代性的后果》，田禾译，译林出版社2000年版。
② 冯必扬：《社会风险：视角、内涵及成因》，《社会学研究》2004年第2期。
③ 张海波：《社会风险研究的范式》，《南京大学学报》（哲学社会科学版）2004年第3期。

土地流转后农业经营主体的风险与保障

所谓社会损失,即社会秩序部分或者全部处于失序状态,生活在社会中的成员因无法适应现存社会关系或社会结构而不愿遵守现有社会规范,社会成员的利益因此遭受损失。本书关注土地流转后给农村家庭带来的社会风险,指的是广义的社会风险,主要包含经济风险、社会风险(狭义)以及心理风险。下面对本书参考的社会风险理论进行梳理。

一 社会风险成因理论

对社会风险成因的思考,众多学者没有形成一致的理论,比较具有代表性的有挫折—攻击理论、规范定向运动理论、相对剥夺理论与现代化动乱理论。

挫折—攻击理论从心理学的角度研究人为什么会产生不遵守社会规范的行为。该理论以约翰·达莱德(John Dollard)为代表,认为个体之所以违背社会规范,是因为受到了挫折,进而提出挫折—攻击理论。他假设发生攻击行为必定先有挫折;反之,受挫折后必定发生某种形式的攻击行为。[①] 即人们在追求目标的过程中,如果受到阻碍,就会产生攻击性或者违背社会规范的行为,这种行为并不必然产生。如果人们的攻击性行为明显会带来不良结果或者招致惩罚,便会受到抑制,所造成的不良结果或者惩罚越严重,抑制作用越大,该攻击行为发生的可能性则越小。

规范定向运动理论的代表人物为尼尔·斯梅尔塞(Neil Smelser)。他认为无论是恐慌还是大规模的革命,一切违背社会规范的行为都是规范定向运动,是根据普遍的信仰恢复、维护、修正或者创造规范的尝试。规范定向运动的产生受几种因素的影响,需要一定的环境条件,包括:(1)结构性助长,即形成违背社会规范行为的有利环境或者社会结构;(2)结构性压抑,即使人们感到压抑的社会结构或者社

---

① Dollard J., et al., *Frustration and Aggeression*, New Haven Yale University Press, 1939.

会状态，如贫困、不公平的待遇、冲突等，都会对人们造成刺激，促使人们违反规范；（3）普遍的信条，即人们对自己所处社会结构的认识，对问题形成自己的看法，了解形势并做好违背社会规范行为的准备；（4）突发因素，即某个具体的事件对违背社会规范行为的产生起到催化或者引爆的作用；（5）行动动员，即领袖开始对人们动员，意味着规范定向运动的开始；（6）社会控制机制，即为了避免前面五项行为产生的控制机制。规范定向运动最终是否发生，取决于控制机制是否有效，控制成功，违背社会规范的行为不会发生，反之则必然发生。[1]

相对剥夺理论起源于社会心理学，也是社会风险成因方面最流行的理论。社会学家罗伯特·默顿（Robert Merton）指出，相对剥夺理论的关键即为"相对剥夺"。相对剥夺感的产生有两种情况：一种是理想与现实之间的差距，即人们的主观需求与实际现状不符，产生相对剥夺感；另一种是人们将自己的状况与其他人比较所形成的差距，从而产生相对剥夺感。通过比较，人们认为自己受到了损失，觉得受到了挫折，从而产生违反社会规范的行为。[2]

现代化动乱理论由塞缪尔·亨廷顿（Samuel Huntington）提出，其著名的命题为"现代性产生稳定，但现代化却会引起不稳定"[3]。为了论证该命题，亨廷顿引用了大量的历史事实，并对其进行理论论证。其假设挫折导致动乱，认为现代化过程必然造成社会动员和经济发展，但二者的功能是不同的：经济发展促使社会满足人们期望的能力提高，社会动员却导致人们的期望变高。一般情况下，社会动员发展的速度比经济发展的速度要快，导致人们的期望高于社会能够满足的需求，这种差距就会出现挫折感，进而形成动乱。挫折感形成后，

---

[1] Smelser, N. J., *Theory of Collective Behavior*, New York Free Press, 1963.
[2] 罗伯特·默顿：《社会理论和社会结构》，唐少杰、齐心等译，译林出版社2006年版。
[3] 塞缪尔·亨廷顿：《变化社会中的政治秩序》，王冠华、刘为等译，上海世纪出版集团2008年版。

人们会想方设法通过纵向或者横向的流动来缓解，如政治参与。但如果政治化的程度无法满足不断扩大的政治参与，又会导致政治动乱。

尽管上述理论对社会风险成因的解释各有不同，但其核心是一致的，即认为社会风险产生的根源是个体利益受损，违背社会规范行为的产生是源于挫折感。这有助于本书更好地研究土地流转后农村家庭风险的成因。

二　风险社会理论

1986年，贝克提出了"风险社会"这一概念，却未对其下定义。贝克指出，后现代社会即为风险社会，是新科技不断发展造成的。风险社会的特征在于社会制造出了风险，这种风险正威胁着人们的生存。西方社会的制度，包括政治、经济、法律等都参与了制造风险，同时也掩盖了风险的真相。后现代社会以风险分配为主题，而不以财富分配为主题，风险分配会导致社会结构的变迁。① 吉登斯认为，"风险社会就是日益生活在高科技的前沿，无人能够完全明白，也难以把握各种可能的未来"②。他指出，风险社会是危险可怕的，每个人都生活在有安全问题、战争问题、生态环境问题等的高危环境中。风险社会的风险更多的是人为造成的，且是全球性的，可以毁灭人类。

尽管社会风险与风险社会是两个完全不同的概念，前者重在风险，强调风险的性质是社会的，不是政治的、经济的、文化的等，后者重在社会，强调特定的社会类型，而不是随便某一社会类型，并且都强调损失，但社会风险是社会结构、社会秩序的损失，风险社会则是整个人类遭受损失。然而，二者间仍然存在联系，社会风险在一定的条件下会导致风险社会的形成，风险社会一旦形成，明显会对社会结构以及社会秩序产生负面影响，形成社会风险。

---

① ［德］贝克：《世界风险社会》，南京大学出版社2004年版。
② ［英］安东尼·吉登斯：《现代性的后果》，田禾译，译林出版社2000年版。

随着社会经济的飞速发展、高科技的不断应用，我国实际上已经进入了风险社会。随着城镇化的不断发展，我国农村也进入了风险社会。本书从社会风险出发，旨在探索农村家庭在土地流转后可能面临的社会风险，遭受了哪些挫折和损失，造成这些挫折和损失的根本原因是什么，如何帮助农民降低挫折感、减少利益损失，从而规避违背社会规范行为的发生。

三 社会保障的理论、模式与维度

社会保障（social security）是指社会对已经有法律做出定义的困难居民提供必要现金补助和生活保障，如为年老、生病、年幼、失业等人员提供收入保障，主要是以提供现金的方式。[①] 社会保障最早诞生于德国，目的在于解决资本主义社会的经济危机，强调市场经济条件下社会保障的社会公平功能。美国最早以法律的形式定义了社会保障，包括其权利、义务、保障范围等，是现代社会保障制度形成的基础。英国是第一个社会福利国家，具有复杂的社会保障制度，旨在通过社会保障抵御各种社会风险。我国社会保障体系涵盖范围较广，由社会保险、社会救助、优抚安置、住房保障等组成，其中社会保险包括养老保险、医疗保险、工伤保险、失业保险、生育保险等，是以国家或政府为主体，依据法律，通过国民收入的再分配，对公民在暂时或永久丧失劳动能力以及由于各种原因而生活困难时给予物质帮助，以保障其基本生活的制度。[②]

（一）社会保障的一般理论

1. 以公平为主兼顾效率的理论

公平和效率的关系表现为社会保障与经济发展的相互矛盾和相互

[①] 不列颠百科全书国际中文版部：《不列颠百科全书：国际中文版》，中国大百科全书出版社2007年版。

[②] 陆雄文：《管理学大辞典》，上海辞书出版社2013年版。

促进。社会保障对经济发展既有积极作用,又有消极作用;经济发展对社会保障也既有促进功能,又有阻碍功能。

2. 市场失灵与政府失灵理论

自由主义经济理论认为,各种经济矛盾都可以依靠市场机制的调节来自动解决。但随着资本主义的发展,许多矛盾并不像亚当·斯密所说的那样能够通过市场来消除,即产生了市场失灵。政府失灵论表现为政府对人们的生活领域干预过大、包揽太多,由于片面强调政府在社会保障中的作用,社会保障的发展程度超越了经济水平,产生了消极影响。

3. 贫困恶性循环理论

经济学家纳克斯(Ragnar Nurkse)提出了这一理论,认为一个人、一个家庭、一个地区乃至一个国家的贫困问题往往存在循环现象,资本形成不足是贫困恶性循环的中心环节,实际上贫困是因为贫困,贫困产生贫困。运用社会政策,尤其是社会救助政策打破贫困的恶性循环,是任何国家的主要目标之一。

(二)社会保障的主要模式

1. 社会保险型模式

最早出现的现代社会保障模式,被称为"传统型"社会保障模式或者自保公助型模式,起源于19世纪80年代的德国,后被世界上许多国家引进,包括美国、德国、法国等在内的许多发达资本主义国家和部分发展中国家都采用这种模式。它以国家干预主义为理论依据,目标是以劳动者为核心,通过提供一系列的基本生活保障,使社会成员在疾病、失业、年老、伤残以及由于婚姻关系、生育或死亡需要特别援助的情况下得到经济补偿和保障。社会保险型模式的主要特点有:(1)以劳动者为核心;(2)责任分担;(3)权利与义务有机结合;(4)互助共济;(5)社会保险基金的筹集以现金收付为主。

2. 福利国家模式

其理论依据为福利经济学,国家为直接责任主体,以国家为全体国民提供全面保障为基本内容，以充分就业、收入均等化和消灭贫困为目标，以政府与公民之间的责任关系取代建立福利国家之前的雇主与雇员、领主与农奴及社团伙伴之间、家庭亲属之间的责任关系，代表国家为英国、瑞典等。福利国家模式的主要特点为：（1）累进税制与高税收；（2）普遍覆盖与全民共享；（3）政府负责与保障全面；（4）法制健全；（5）充分就业。

3. 强制储蓄型模式

它是新加坡等创立的公积金制度及后来变种的智利养老金私营化模式等，曾因缺乏传统社会保障制度的互济功能长期不被国际社会保障界认可。但随着人口老龄化的加剧，以往模式未能很好地解决养老等问题，强制储蓄型模式得到重视。强制储蓄型模式的主要特点为：（1）强调自我负责，缺乏互济性；（2）建立个人账户，实行完全积累；（3）与资本市场有机结合；（4）在保障内容上主要是养老保障；（5）政府承担责任的方式特殊——监督者。

4. 国家保险型模式

它是由苏联创建，在 20 世纪中期被其他社会主义国家效仿的社会保障模式。以公有制为基础，与高度集中的计划经济体制相适应，由政府统一包揽并面向全体国民，又被称为政府统包型社会保障制度。国家保险型模式的主要特征为：（1）国家通过宪法将社会保障制度确定为国家制度，公民享有的社会保障权利由生产资料公有制保障，通过实施相应的社会经济政策取得；（2）社会保障支出由政府和企业承担，资金由全社会的公共资金无偿提供；（3）保障对象是全体公民；（4）工会参与社会保障事业的决策与管理。

5. 我国社会保障制度

目前，我国在建的社会保障制度属于社会保险型即社会共济模式，即由国家、单位（企业）、个人三方共同为社会保障计划融资。而且，这是未来相当长一段时期的改革趋势。

(三) 社会保障的维度

1. 经济保障

强调社会保障的最初目的是经济保障,直接为社会成员提供金钱支持,保障人们生存以及各方面的需求。它的主要理论依据为福利经济学理论、德国新历史学派、福利国家理论以及货币学派。福利经济学理论通过研究经济福利与收入分配之间的边际递减效应,认为应该以现金的形式提供养老金以及事业救助金等;德国新历史学派强调阶级调和须以改良的方式进行,社会保险制度应以经济补偿为主;福利国家理论主张社会保障以国家干预为主,以现金支付的形式来保障人民的生存发展;货币学派主张直接对穷人、低收入者提供津贴补助。[①] 经济保障相关理论为社会保障以及社会救助的形成奠定了良好的基础。

2. 服务保障

随着社会变化与经济的快速发展,社会保障需求不再局限于经济保障,更高层次的保障需求应运而生。服务保障强调以非现金的形式为人们提供保障,如提供社会保障信息、业务服务、医疗护理、日常照料、就医服务等,满足人们的多样化需求。它的主要理论依据包括福利国家理论、新公共管理理论、公共服务理论等。福利国家理论不仅强调经济保障,也强调为国民提供各种社会保障服务;新公共管理理论主张政府在提供社会保障服务的过程中主要起掌舵作用,通过市场机制作用,引导社会主体之间竞争,为人们提供社会保障服务;公共服务理论对公共服务的目标、内容、形式等进行阐述,为具有公共属性物品的社会保障服务提供了指导。[②] 这些理论为服务保障的开展与构建提供了支撑。

---

① 任保平:《当代西方社会保障经济理论的演变及其评析》,《陕西师范大学学报》2001年第2期。

② 白维军:《论社会保障的理论图谱》,《社会科学研究》2017年第6期。

3. 精神保障

社会保障不仅提供物质保障，也提供精神保障，如心理干预、心理慰藉、情感沟通、情绪疏导等，为国民的精神生活提供保障支持。精神保障主要理论依据为需求层次理论、ERG 理论、心灵治理理论等。马斯洛（Abraham Maslow）的需求层次理论指出，人的需求是分层次的，在最基础的物质需求得到满足后就会逐渐产生更高层次的精神需求，因此需要精神保障给予支撑。① ERG 理论即奥尔德弗在马斯洛需求层次理论基础上提出的新人本主义需求观，认为人的需求有三种，即生存（existence）、相互关系（relatedness）以及成长（crowth）。② 区别在于，这三种需求是并列且可替代的，并不是逐级递增的，也就是说，物质保障需求和精神保障需求同时存在，一方面不足时可以通过保障其他方面来替代。心灵治理理论指出，人们的需求具有溢出问题，为了使人们平和地保持需求溢出状态，消除溢出问题带来的负面影响，可通过非物质和非强迫的手段影响人的精神，使其自愿抑制需求。③ 社会保障也可通过精神保障的方式，降低其他保障不足造成的负面影响。

4. 行政保障

行政保障实际上是对社会保障的保障，是整个社会保障制度顺利运行的行政支持。比如社会保障相关法律法规、社会保障政策、社会保障机构设置、社会保障人员配置、社会保障权责划分、社会保障监督管理等，通过一系列的行政手段确保社会保障的有效开展。社会保障的公平性、公共性、社会性等，就要求在实施过程中对其流程进行控制，确保其有效规范，并与其所处的政治、经济、社会等状况紧密相合，保证公共利益的最大化。

结合社会保障相关理论，本书重点关注农村家庭在土地流转后的

---

① 马斯洛：《动机与人格》，许金声等译，华夏出版社 1987 年版。
② 吕国荣：《影响世界的 100 位管理大师》，电子工业出版社 2011 年版。
③ 刘太刚：《心灵治理：公共管理学的新边疆——基于需求溢出理论和传统中国心灵治理范式的分析》，《中国行政管理》2016 年第 10 期。

经济保障与精神保障，从物质和精神两方面调查农村家庭土地流转后的社会保障体系和功能，分析农村家庭的物质保障需求和精神保障需求，探索他们遭遇的社会风险是否与社会保障体制建设有关，结合服务与行政保障共同构建土地流转后农村家庭社会保障的新机制。

第二节　背景与模式：土地流转的那些事

随着城镇化水平的不断提高，农村人口涌入城市，农村土地得以重新配置。大量农民由农村户口转为城镇户口，或者在城镇长期居住，导致农村土地闲置或荒废，土地利用率低下，造成资源浪费，成为"三农"问题之一。创新土地经营权，进行土地流转，已经成为解决"三农"问题的关键。

一　土地改革背景与历程

自新中国成立以来，我国农村土地进行了五次比较大规模的改革。

一是封建土地所有制改为农民土地所有制。即农民拥有土地的使用权，可以自由处置所拥有的土地，如出租或者出售等。

二是从农民土地所有制到集体所有。1954年，国家开始回收土地所有权，旨在构建社会主义土地制度，确立社会主义经济关系。土地所有权归为集体所有，农民不具有经营权和管理权。

三是从集体所有到三级集体所有。1957—1978年，再次进行土地改革。三级集体为人民公社、生产大队以及生产小队，共同管理土地，社员集体耕种土地，但不享有私有土地，彻底收回使用权，完全根除私有制。

四是土地所有权和使用权分离。改革开放之后，1983年实行家庭联产承包责任制，包干到户，由家庭承包经营土地，土地所有权和使用权正式分离。

五是不再限制土地流转。2008年,改革开放30年之际,国家开始健全土地承包经营权权能,不再限制土地流转,并为土地经营权流转提供法律服务,完善土地流转市场。

二 土地流转政策演变

随着我国土地改革的进行,土地流转政策也经历了几次演变。

1982年《全国农村工作会议纪要》明确规定:"社员承包的土地,不准买卖,不准出租,不准转让,不准荒废。"《中华人民共和国宪法》(1982年版)第十条第四款明确规定:任何组织或者个人不得侵占、买卖、出租或者以其他形式非法转让土地。这一时期,土地流转是不允许的。

1984年,中央一号文件《关于一九八四年农村工作的通知》规定:"社员在承包期内,因无力耕种或转营他业而要求不包或少包土地的,可以经集体同意后进行转包。"1988年《中华人民共和国宪法》修正案规定,土地的使用权可以按照法律规定转让。该修正案为开始土地流转奠定了基础。

2003年《中华人民共和国农村土地承包法》第五节专门规定了土地承包经营权的流转。2005年,农业部(今农业农村部)制定了《农村土地承包经营权流转管理办法》。2007年,《物权法》第128条明确规定:"土地承包经营权可以采取转包、互换、转让等方式流转。"这些条例标志着土地经营权的流转正式步入轨道。

2008年10月12日,党的十一届三中全会颁布并实施了《中共中央关于推进农村改革发展若干重大问题的决定》,指出对于土地承包经营权流转工作要给予大力的支持和帮助,通过相关市场的完善来促进流转工作的规范进行,全部土地流转工作不管形式如何,都不得和法律规定相抵触,不得违背相关人员的意愿,要促进经营形式的多元化发展。在流转土地承包经营权的过程中,不得改变其所属,也不得将其用作其他,更不能侵害农民的合法利益等。至此,土地流转开始

土地流转后农业经营主体的风险与保障

在全国广泛开展,创新发展出多种流转模式。

2014年中央一号文件《全面深化农村改革 加快推进农业现代化的若干意见》第17条明确规定,稳定农村土地承包关系并保持长久不变,在坚持和完善最严格的耕地保护制度前提下,赋予农民对承包地占有、使用、收益、流转及承包经营权抵押、担保权能。2014年12月,《关于农村土地征收、集体经营权建设用地入市、宅基地制度改革试点工作的意见》被解读为农村土地改革"三箭齐发"。2017年10月31日,承包法修正案草案明确规定,国家依法保护农村土地承包关系稳定并长久不变,为给予农民稳定的土地承包经营预期,耕地承包期届满后再延长30年。

从土地改革以及相关文件演变可知,我国土地流转一开始被明令禁止,之后慢慢解禁,最终完善相关法律与操作。如今,土地流转已经是解决农村土地问题的重要手段。

三 土地流转模式研究

土地流转指土地所有权与使用权在不同经济实体或农户之间的流动和转让。由于国外大部分国家实行土地私有化,土地可以直接自由地进入市场交易,因此很少使用"农村土地流转"这个概念,使用更多的是"农村土地交易"。我国农村土地为集体所有,因土地性质不同,土地流转模式也有明显差异。

(一)国外土地信托模式

土地信托模式是美国以及其他西方国家土地流转的主要模式,主要是为了保护土地。土地信托组织通过直接购买土地所有权的形式,获得土地的开发权,进而获得土地的保护权。[1] 19世纪后半叶,美国

---

[1] Preston Sullivan, "Conservation, Easements", *Appropriate Technology Transfer for Rural Areas*, August, 2003.

自然土地分配的变化导致土地信托的出现,有针对土地生态资源保护的信托、针对有机农业和林业生产及其可持续发展的信托、以社会经济发展为目标的信托如保障性住房和保护家庭农场和地方经济发展等模式。[①] 有学者指出,土地流转不仅能够极大地提高农村土地的使用率,也能够有效配置资源。[②] 在土地信托模式中,政府的力量不容小觑。文德利希(Wunderlich Karl Arthur)通过对科罗拉多州28个土地信托组织的研究发现,政府是否支持土地流传决定该地区的土地发展趋势。[③] 帕克(Dominic Parker)和瑟曼(Salter Thurman)等认为,从土地资源配置效率上说,私人的土地信托组织比政府的要好。[④] 也有学者认为,土地信托组织会对政府信誉产生影响,即如果土地信托机构不能规范土地流转行为,农民利益将会因此受损,从而降低对政府的信任。对土地信托模式而言,政府和土地信托组织之间存在着相互博弈,但又各自发挥其作用,确保土地信托模式下的土地流转保持平衡。除西方国家使用土地信托模式流转土地外,一些亚洲国家也采用该模式,如日本和韩国的土地信托模式。日本主要移植美国,韩国则是将土地信托出去,由受托人全权开发,资金由土地所有人承担,受托人不必承担资金压力,只需全力开发土地。信托期满,土地重新回到土地所有人手中。

(二) 国内土地流转模式

从国内土地确权的角度出发,我国土地流转方式主要有以下几种:农村土地互换、农村土地出租、农村土地转让或转包、农村土地

[①] 张会萍、倪全学:《农村土地流转问题研究综述》,《宁夏社会科学》2011年第3期。
[②] Hans Peter Binswanger, Deinige, Power, "Distortions. Revolt and Reform in Agricultural Land Relations", *Handbook of Development Economics*, No. 3, 2013.
[③] Karl Arthur Wunderlich, "A New Instisutionalist Examination of Colorado's Coformunity-Based Land Trust", *Denver University of Colorado*, 2002.
[④] Dominic P. Parker, Salter N. Thurman, "Cros'ding Out Open Space: Federal Land Programs and The PS Effectson Land Trust Activity", *AAEAShort Paper Tuesday*, No. 3, August, 2004.

入股或股份制以及其他土地流转方式等。

1. 农村土地互换

互换是指同一集体经济组织的成员根据实际需要或者耕种便利，农户之间对同一经济组织的地块进行交换，同时交换相应承包土地经营权的一种土地流转方式。互换一般是根据需要，为了使用方便，将土地连片。通过流转承包权，该模式可以自由选择是否流转，没有失去连片土地的风险，但只能在同一经济组织内流转，参与或退出流转必须经流转双方同意。而且，因要确保连片，土地的面积、距离、地利等都会给流转带来难题，估价也比较困难，双方很难达成一致，因此由政府主导治理发挥的作用会大一些。该模式比较典型的代表是重庆江津模式。2007年9月至2008年8月，江津区在政府主导的情况下，对土地进行指标流转、定价和收益分配，将村落公用地、农民宅基地、乡镇企业用地等置换为建设用地指标。

2. 农村土地出租

出租是指承包方约定一定的租金、期限和面积，将承包方的承包地转让给其他农户和经济组织。也就是说，承包方将部分或者全部土地承包经营权以一定期限租赁给他人从事农业生产经营，可以租赁给本集体经济组织之外的单位和个人。在该模式下，土地承包权没有转让，原承包方仍然需要履行相关权利及义务，承租方在出租期内对承包方负责，出租期不得长于土地承包权年限。随着出租的出现，也出现了反租倒包，即村集体或者其他集体经济组织租赁承包方的土地，然后再将租来的土地租给其他人或者企业组织等。该方式的好处在于，村集体作为中介方，使得农民不必自己承担市场风险，租金稳定；相较于农户个体，村集体的信息流畅，土地更易流转；村集体有条件和能力评估承租方的具体情况，确保农民权益不受损害，是农民比较喜爱的土地流转方式。该模式的典型代表为安徽小岗村，2001年实行土地流转，2008年实施反租倒包，发展葡萄、双孢菇、粮食等规模种植，人均收入增长两倍。①

3. 农村土地转让或转包

转让是指承包方有稳定的非农职业或者收入，经承包方申请和发包方同意，将部分或全部土地承包经营权让渡给其他从事农业生产经营的农户，由其履行土地承包合同的权利和义务。转让后，土地承包关系自行终止，原承包方承包期内的土地承包经营权部分或全部丧失。土地转让是所有土地流转模式中唯一改变了承包关系的方式，流转范围较小。

转包与转让不同，转包是承包方将部分或全部土地承包经营权以一定期限转给同一集体经济组织的其他农户从事农业生产经营。转包后，原土地承包关系不变，原承包方继续履行原土地承包合同规定的权利和义务，接包方按合同转包时约定的条件对转包方负责。其代表为浙江温州模式，通过三种方式实现土地转包：一是村集体经济主导模式，由村集体转包经营或者代种，农户只负责管理和收割；二是种粮大户承包模式，农户将土地承包经营权转让给种粮大户；三是社会化提供服务模式，主要是其他合作社、农场等对粮食生产提供有偿服务。

4. 农村土地入股或股份制

入股是指实行家庭承包方式的承包方之间为发展农业经济，将土地承包经营权作为股权自愿联合从事农业合作生产经营。股份制是将土地资源量作为股权，将农民承包的土地资本化，农民升级成为股东，享受分红。该模式的代表为上海奉贤模式。上海奉贤规定了足底收益保障，同时规定了利润分配的方式和顺序，在此基础上进行土地入股，不仅合作社的产业类型齐全，在种植传统农作物和经济作物的基础上，还有多种形式的合作，如农家乐、营销类合作社等。合作社

---

① 赵伟峰：《新小岗模式的演进历程、路径分析及启迪》，《现代经济探讨》2012年第11期。

组织的形式也非常多元化，通过多种形式入股，如合作社联合基地与农户、合作社与农户、企业联合合作社与农户等，并采取社务公开、民主管理的方式，最终稳步提升合作社运行质量，大大提高该地区的经济发展水平。

5. 其他土地流转方式

除以上几种比较常见的土地流转模式之外，国内也开始创新土地流转方式。比如农村土地信托模式，与国外相比，由于土地所有权的主体不同，国内土地信托必须由政府作为主导，在农户（委托方）和企业或公司（受托方）之间提供服务。该模式是一种全新的尝试，因为有政府主导，故而能够得到委托方的信任；因为由专业的经营方经营土地，也能确保农户获得较多利益，极有可能成为主流模式。又如土地流转中介组织的模式，将中介组织划分成农民自发兴办的"内生性中介组织"、依托政府部门建立起来的"外生性中介组织"两种形式。[①] 另外，有学者主张构建市场化农地流转模式。[②] 还有学者提出建立计划调控与市场调节相结合的农地流转模式等。[③]

通过分析农村家庭土地流转模式，本书旨在探索不同土地流转模式给农村家庭带来的社会风险是否有所不同，不同流转模式下现有社会保障的功能，以及农村家庭对社会保障的需求，为完善应对土地流转后社会风险的社会保障体系提供依据。

四 土地流转相关研究

自开展土地流转以来，学者往往最关注三个问题：一是农民是否愿意进行土地流转，二是何种因素推动了土地流转，三是如何评价土

[①] 钟涨宝、狄金华：《中介组织在土地流转中的地位与作用》，《农村经济》2005年第3期。

[②] 薛兴利、岳书铭等：《尽快实现以市场为主配置农村土地资源》，《农业经济问题》2001年第7期。

[③] 刘守英：《土地使用权流转的新动向及影响》，《农业经济》2001年第23期。

地流转。

(一) 农村土地流转中的农民意愿和行为研究

国外关于农村土地交易中的农民意愿和决策行为研究认为，在大部分发展中国家，实行土地改革制度后，没有土地或土地较少的农户一般通过土地分配、佃农登记、土地交易三种渠道得到土地。[1] 农户之间的土地交易异常活跃。[2] 对于实行土地私有化，但是政府仍然保留对土地交易一定干预权的东欧国家，农村土地交易并不活跃，难以实现有效的集中经营。[3]

目前，国内农户土地流转意愿和行为有以下特征：(1) 农户土地租赁范围主要在村组内部的亲戚或朋友家；(2) 仍然有超过一半的农户的土地租赁期限较短或者不确定；(3) 市场中介组织的缺位，限制了承包经营权的大范围、长期流转。[4] 农民的自然灾害风险预期、租金收回风险、单位面积租金、预期找到工作和拿到工资的可能性等对农民的土地流转意愿具有直接影响。[5] 其中，土地连片性、地理位置与土地流转行为存在强相关关系。[6] 从全国范围来看，土地流转的规模和形式，经济发达地区明显要领先于经济不发达的地区。[7]

在全国范围内抽选具有代表性的省进行土地流转调研发现，我国土地流转规模仍然较小，地区性差异较大，发达地区省市的农民参与

---

[1] Vikas Rawal, Agrarian, "Reform and Land Markets: A Study of Land Transactions in Two Villages of West Bengal, 1977–1995", *Economic Development and Cultural Change*, No. 7, 2001.

[2] Wegren K. Stephen, "Why Rural Russians Participate in the Land Market: Socio-economic Factors", *Post communist Economics*, Vol. 15, No. 4, 2003.

[3] Joshua M. Duke, Eleonora Marisova, Anna Bandlerova, Jana Slovinska, "Price Repression in the Slovak Agricultural Land Market", *Land Use Policy*, No. 21, 2004.

[4] 张会萍、倪全学：《农村土地流转问题研究综述》，《宁夏社会科学》2011年第3期。

[5] 赵晓秋、李后建：《西部地区农民土地转出意愿影响因素的实证分析》，《中国农村经济》2009年第8期。

[6] 张会萍、倪全学：《农村土地流转问题研究综述》，《宁夏社会科学》2011年第3期。

[7] 钟涨宝、汪萍：《农地流转过程中的农户行为分析——湖北浙江等地的农户问卷调查》，《中国农村观察》2003年第6期。

土地流转的比例要高于中西部地区。土地流转的范围也局限在亲属或者邻里，过程非常不正式，没有确定期限，也不签订合同，只是口头约定，价格机制明显不合理。① 但陈卫平等对东、中、西部的农村土地流转率进行调查发现，中、西部内陆地区的农村土地流转发展反而较快，东、中、西部土地流转率分别为5.8%、6.8%以及2.7%。② 也有学者调查了我国8个省份的农村土地流转状况，发现目前我国土地自由流转率仍然很低，大部分省份土地租赁现象只有3%—4%，最高者不过7%—8%。影响我国农民土地流转意愿的可能因素为家庭劳动力、土地收益、提供的保障、就业问题、未来预期等。③ 现阶段的土地流转交换行为仍然只是一种社会行为，不能算作经济行为，故而无论是转入还是转出都处于较为被动的状态，没有形成非人际关系化的交换制度体系，即非熟人间交换的网络。④ 有研究表明，农户更愿意将土地流入，而不愿意转出。⑤ 对于土地流转行为，有研究认为，政府与村组织的集体干预使农户土地流入的成本上升，导致农户对土地流转的满意度下降。因此，在土地流转过程中，要尽可能避免政府及集体组织的直接干预，加强服务建设，提升农户土地流转行为效果。⑥

（二）农村土地流转的影响因素研究

国外学者研究中国农村土地流转现象时发现：农村土地交易的影响因素主要是产权制度、宏观环境和交易费用等方面;⑦ 其中有效的

---

① 叶剑平、蒋研、丰雷：《中国农村土地流转市场的调查研究——基于2005年17省调查的分析和建议》，《中国农村观察》2006年第4期。
② 陈卫平、郭定文：《农户承包土地流转问题探讨》，《经济问题探索》2006年第1期。
③ 晋洪涛：《农民的农地权属认知与行为反应：基于567个样本的分析》，《农村经济》2011年第7期。
④ 钟涨宝、汪萍：《农地流转过程中的农户行为分析——湖北浙江等地的农户问卷调查》，《中国农村观察》2003年第6期。
⑤ 张照新：《中国农村土地流转市场发展及其方式》，《中国农村经济》2002年第2期。
⑥ 付振奇、陈淑云：《组织干预还是个体主导：对农户土地经营权流转行为效果的研究——基于1025个农户流转租金价格与满意度的分析》，《开放时代》2017年第4期。
⑦ Gershon Feder G. D., David Feeny, "The Theory of Land Tenure and Property Rights", World Bank Economic Review, Vol. 5, No. 7, 1993.

产权制度变迁将提升土地交易效率，刺激土地交易。[1] 土地流转市场对农业生产率及农户收入的提高有明显的正面影响。土地集中不一定带来农业规模收益递增，是影响农户土地流转积极性的重要原因。[2] 土地所有权和使用权的流转会使土地资源配置更有效，刺激土地资源开发的深度投资，减少农户的风险规避行为。[3]

有关国内农村土地流转的影响因素研究认为：人均土地面积更多、教育水平更高、具有非农就业的经历以及非农业资产比重较高等因素，增加了农户土地流转的可能性。[4] 其中，制约我国农村土地流转的因素主要是土地产权制度残缺、农地流转市场发育迟缓、相关法律法规不健全和农村社会保障制度缺失。[5] 影响农户土地流转的因素既包含内部因素，也包含外部因素。宋辉等通过对湖北省襄阳市312户农户土地流转状况进行调查发现，影响农户土地流转的内部因素包括家庭的收入水平与来源，农地面积、承包期以及户主年龄、职业等；外部因素包含农地流转中介组织的介入、村委会对流转的干预、地方政府对农地流转信息发布的指导、对农地流转价格的合理确定等体制环境因素。[6] 有学者对收入结构进行深入分析，探讨了不同收入对农民土地流转的影响，发现工资性收入等增长利于扩大土地流转规模，而财产性收入如利息、租金、红利、投资收入、土地补偿收入、

---

[1] Joshua M. Duke, Eleonora Marisova, Anna Bandlerova, Jana Slovinska, "Price Repression in the Slovak Agricultural Land Market", *Land Use Policy*, No. 21, 2004.

[2] Pan A. Yoto Poulos, Nugent J. B., *Economies of Development: Em2 Percale Investigations*, New York: Harperand Row, 1976.

[3] Hans Peter Binswanger, Klaus Deininger G. E., Power, "Distortions Revoltand Reforming Agricultural Land Relations", *Handbook of Development Economics*, Vol. 3, No. 2, 1993.

[4] 金松青：《中国农村土地租赁市场的发展及其在土地使用公平性和效率性上的含义》，《经济学》2004年第3卷第4期。

[5] 钟涨宝、狄金华：《农村土地流转与农村社会保障体系的完善》，《江苏社会科学》2008年第1期。

[6] 宋辉、钟涨宝：《基于农户行为的农地流转实证研究——以湖北省襄阳市312户农户为例》，《资源科学》2013年第5期。

转让经营权收入等低下是阻碍土地流转的重要因素。① 曾祥明等对江汉平原地区的农村土地流转进行研究发现,劳动力转移明显影响土地流转行为。当家庭劳动力多时,倾向于流入土地;当家庭劳动力少时,倾向于转出土地。此外,家庭教育负担对土地流转的影响也比较明显,大学生的家庭倾向于转出土地,中学生的家庭倾向于流入土地,孩子多的家庭倾向于转入土地。② 土地细碎化的程度也对土地流转有影响。细碎化土地比较多的情况下,农户倾向于交换或者流转土地。有学者专门对农户林地的流转进行研究,指出非价格影响因素在林地流转中占重要地位。家庭人口数、人均收入、非农就业人口比例、林地面积和林地块数均影响林地流转的发生概率。在林地流入中,人均收入越高、家庭人口数越多的农户受非价格因素的影响越小;非农就业比例和林地面积越大、林地块数和年随礼支出越多、采伐指标越难获得的农户,受非价格因素的影响越大。③

(三) 农村土地流转的成效与问题研究

国外学者在研究农村土地流转的过程中发现:土地流转面临的最主要的问题为土地流转后农民的部分或者全部权利无法得到保障。基于客观原因和主观原因,土地流转过程中成员的民主管理权利被削弱甚至被剥夺,基本生活的保障难以实现。因此,建立农村土地股份合作制的社会保障机制是必要的。④ 而且,土地流转造成代际分配问题,除了土地出售和购买,资产的代际转移可能会助长"第二代"夫妇的土地所有权不平等。⑤ 如果将所有土地平分给下一代,则会导致土地

---

① 李先玲:《基于农民收入结构的农村土地流转分析》,《特区经济》2010年第10期。
② 曾祥明、汪传信、青平:《江汉平原农村土地流转研究》,《统计观察》2006年第2期。
③ 司亚伟、李旻、钟昀陶:《影响农户林地流转的非价格因素:理论与实证》,《林业经济问题》2016年第4期。
④ Chen Yan, Ruan Min, Qiang Chang-wen, "Protection of Collective Rights of Rural Members in the Process of Land Transfer under Shareholding Cooperative Systems", *Asian Agricultural Research*, Vol. 2, No. 7, 2010.
⑤ Yagura, Kenjiro, "Effect of Intergenerational Asset Transfers on Land Distribution in Rural Cambodia: Case Studies of Three Rice-growing Villages", *Agricultural Economics*, No. 46, 2014.

更加碎片化，直至拥有非常小土地的父母无法再平分土地，有些儿童将无法从父母那里获得土地，处于经济不利状况。①

国内学者在研究农村土地流转的过程中发现：土地流转确实增加了农户的物质资本和金融资本，增加了农民的收入，提升了农业规模经济水平，户口的转变也让农民得以在医疗、保障、教育等方面享受城镇居民的待遇。② 这有利于土地的充分利用，克服小规模家庭经营的局限性，调整农业结构。③ 同时，使得劳动力向第二、三产业转移④，增加农民收入、集体收入以及提升集体经济实力⑤。进行农村土地流转也是消除城乡二元经济结构、解决"三农"问题和我国现阶段农村土地问题最主要也最有效的方式，具有现实必然性。⑥ 但不可否认，我国农村土地流转仍然存在无序、低效甚至混乱的状态，流转总量小、不稳定，土地荒废现象严重等。⑦ 这损害了农民利益，违背了农民意愿，随意改变流转土地用途等失范行为时有发生。⑧ 这主要是在土地流转过程中政府职能构建出现了问题。⑨ 政府过度干预，常代替农民决策导致流转主体错位，缺乏统一管理与公共服务意识；⑩

---

① Yagura, Kenjiro, "Intergenerational Land Transfer in Rural Cambodia since the Late 1980s: Special Attention to the Effect of Labor Migration", *Southeast Asian Studies*, Vol. 4, No. 1, 2015.
② 孟祥远:《城市化背景下农村土地流转的成效及问题——以嘉兴模式和无锡模式为例》,《城市问题》2012年第12期。
③ 蒋文华:《农村土地流转新情况、新思考——浙江农村土地流转制度的调查》,《中国农村经济》2001年第10期。
④ 张岑晟:《我国农村土地流转中的主要问题与政府作为》,《安徽农业科学》2011年第23期。
⑤ 陈志宇:《新农村建设背景下完善我国农村土地流转机制研究》,《安徽农业科学》2012年第5期。
⑥ 王华春、唐任伍、赵春学:《引导土地流转增加农民收入》,《南京社会科学》2012年第9期。
⑦ 王银梅、刘雨潇:《从社会保障角度看我国农村土地流转》,《宏观经济研究》2009年第11期。
⑧ 郝丽霞:《基于农村土地流转的政府职能构建》,《农业经济》2013年第5期。
⑨ 郝丽霞:《基于农村土地流转的政府职能构建》,《农业经济》2013年第5期。
⑩ 李文政:《论优化农村土地流转中政府的管理职能》,《改革与战略》2009年第7期。

从政治权力来看，农村土地流转过程中涉及的权力关系混乱，基层政权、自治组织与自治主体间定位不明确，关于农村土地经营权流转的法律制度尚不健全。[①] 此外，造成我国农村土地流转不畅的另一根本原因是土地的社会保障功能过于强大。这也意味着我国农村社会保障体制尚不健全，机制建设落后。城乡二元经济对立结构使得农村社会保障起点较低，加之农村人口过多，占地面积大，全覆盖社会保障体系的建成需要长久的时间[②]，农民的合法权益缺乏保障[③]。因此，现阶段我国农村土地流转一方面应完善相关政策，制定法律法规，明确流转主体，政府保持其主导地位但不可取代农民的主体地位，建立完善的管理制度，维护土地流转过程的公平；另一方面，应完善农村社会保障体系，弱化土地的社会保障功能，将其与经济功能分开。[④]

通过对已有土地流转文献进行梳理，重点在于对土地流转相关问题有一个充分的了解，再结合社会风险以及社会保障内容，引出本书的研究问题，即土地流转后农村家庭的社会风险与保障机制研究。

（四）简要述评

已有研究对农村土地流转问题做出不同角度的现象描述和理论分析，为本书提供了重要的文献素材和思想资料。但随着城市化进程的加快，新的问题不断涌现，值得进一步关注：（1）尽管农村土地流转问题近年来备受关注，但它是动态发展的过程，已有研究主要集中在农村土地流转现象本身的研究如土地流转的意愿、行为和影响因素

---

① 尹奎杰、刘彤：《农村土地流转的政治学分析》，《江苏行政学院学报》2011年第2期。
② 钟涨宝、狄金华：《农村土地流转与农村社会保障体系的完善》，《江苏社会科学》2008年第1期；王进：《农村土地流转过程中农民利益保障问题研究》，《农村经济》2009年第10期；王银梅、刘雨潇：《从社会保障角度看我国农村土地流转》，《宏观经济研究》2009年第11期。
③ 许恒周、曲福田：《农村土地流转与农民权益保障》，《农村经济》2007年第4期。
④ 张岑晟：《我国农村土地流转中的主要问题与政府作为》，《安徽农业科学》2011年第23期；张扬：《农村土地流转中农民权益保护的制度构建》，《农业经济》2011年第11期；陈志宇：《新农村建设背景下完善我国农村土地流转机制研究》，《安徽农业科学》2012年第5期。

等，而对土地流转后农村家庭面临的社会风险和社会保障问题关注非常有限。（2）已有研究多为描述性研究，缺乏对土地流转后农村家庭社会风险应对与社会保障关系的解释性研究，很少从社会文化层面探讨土地流转后农村家庭的发展状况。本书拟在已有成果的基础上，对土地流转后农村家庭的社会风险与社会保障机制问题做较为深入的研究。

第三节　结构与方法：走在田野上

自改革开放以来，随着越来越多的农村劳动力转向非农产业，农地流转日益活跃。目前，对农村土地流转的研究主要集中在关注流转现象本身上，如土地流转的原因、影响因素等，很少有文献关注农村家庭土地流转后的社会风险应对和保障机制。事实上，已有学者意识到，农民在土地流转后面临很多风险，也指出现有社会保障体系无法应对农村土地流转后产生的社会风险[1]，提出应建立土地流转风险处理机制[2]。我国一些地区已经开始尝试性地解决农村家庭土地流转后面临的社会问题，但转出方的农村家庭一旦失去土地，他们面临怎样的社会风险，流入方是否有风险，如何完善农村家庭土地流转后的社会保障机制，这些问题均没有学者解答。

有学者把农地流转划分成三种地方性实践形态，即外力推动规模型流转、自发规模型流转和自发分散型流转。每种实践形态对应不同的流转方式。比如，外力推动规模型流转后的表现形式一般为农业专业合作社、股份合作等，是地方政府、工商资本以及基层组织等多方力量共同推动的结果，土地流转规模和面积一般在500亩甚至更大，

---

[1] 钟涨宝、狄金华：《农村土地流转与农村社会保障体系的完善》，《江苏社会科学》2008年第1期。
[2] 陈志宇：《新农村建设背景下完善我国农村土地流转机制研究》，《安徽农业科学》2012年第5期。

有正式的土地流转合同。① 本书第二章围绕农业合作社、第三章关注农业股份合作组织，主要就在讨论上述两种外力推动规模型流转后农村家庭可能面临的风险与保障问题。自发规模型流转主要是在自然村内部实现连片成块耕地的承包，最终形成小型的家庭农场。流转的主体一般是村庄能人、经济精英。在这种流转实践中形塑出"职业农民"，也就是本书中的"农场主"，本质上是一种扩大的自耕农。自发规模型流转的面积一般在200—500亩左右，② 这将在第四章重点讨论。自发分散型流转主要是通过分包、代耕、租赁、互换等方式进行，一般出现在熟人社会内部，村民几乎都是口头约定，土地流转面积比较小，本书将此称为"小打小闹型土地流转"，在第五章将做讨论。第六章主要梳理土地流转后农村家庭面临的社会风险，结合社会风险相关理论，从经济风险、社会风险和心理风险三个维度来总结农村家庭土地流转后的社会风险状况；在此基础上，从经济、社会、心理等维度探讨土地流转后增强农村家庭社会风险应对能力的方法。最后，根据调查结论构建社会保障机制，结合社会保障相关理论，主要从行政、经济、服务、精神保障等层面探讨农村家庭土地流转后的社会保障状况和需求，寻找提升其社会保障的新机制。

作为一项关于农村家庭社会风险与保障问题的研究，笔者在具体的田野过程中，主要分为四个阶段收集实证资料。第一阶段为2015年5—10月，利用熟人关系分别在江苏、安徽、云南等地的乡村做了初步且短暂的社会调查，每个地方大约停留两周。因为前期收集的关于土地流转的部分文献包括新闻报道中成功的案例多以上述地方的调查为例，在这些地方做初步的社会调查目的在于熟悉本书中的问题。第二阶段是赴湖北、河南、陕西交界的山区，那里以分散型土地流转为主，发现土地流转后农场家庭生活状态的区域差异并不明显，那么

---

① 袁明宝、朱启臻：《农地流转的地方实践形态》，《中国农业信息》2012年第19期。
② 袁明宝、朱启臻：《农地流转的地方实践形态》，《中国农业信息》2012年第19期。

选择田野点时可以采用个案研究。当然，也有学者对土地流转等相似的主题做过深入的个案研究，即"以个案来展示影响一定社会内部之运动变化的因素、张力、机制与逻辑"①，认为可揭示传统农业型村庄土地调整变迁中的普遍性机制。第三阶段为2016年6月至2017年6月利用访学机会，在澳大利亚做了田野调查，主要关注当地的棉花农场，对思考本书中家庭农场的风险与保障问题提供了启发。第四阶段为2017年8月至2018年12月选择长江流域为主要的调查点，从土地流转后主要形式的典型案例入手做深入的多点田野调查和分析。有研究表明，无论是费孝通的《江村经济——中国农民的生活》，抑或黄宗智的《长江三角洲小农家庭与乡村发展》，都关注了长江三角洲地区频繁的土地流转、繁荣的商品生产等主题。日本学者福武直对此地的研究也表明，该区域村落内部结合程度相对微弱，对外来者的排斥并不显著，村庄具有极大的开放性。② 也就是说，一方面，长江流域的土地流转具有代表性；另一方面，此地村庄具有开放性，方便调查。

具体的田野调查分多点进行：一是参与观察；二是发放问卷进行无记名调查，了解新型农业经营主体的具体情况；三是召集部分新型农业经营主体负责人进行座谈调查，了解新型农业经营主体经营过程中面临的风险和问题以及希望解决的困难；四是深入该区域农村做田野调查，了解土地流转后各农业经营主体发展的历史与现状，了解每个农村家庭的具体情况，并与村委会负责人和发生土地流转的普通农户代表进行结构式访谈。

从目前的土地流转去向来看，流入农户面积最大、增速较快的是合作社，其中企业流转的土地增长较慢，长期以来保持10%左右的比

---

① 吴毅：《何以个案 为何叙述——对经典农村研究方法质疑的反思》，《探索与争鸣》2007年第4期。
② 贺雪峰：《论中国农村的区域差异——村庄社会结构的视角》，《开放时代》2012年第10期。

例。2019年，农村土地流转新政策《关于引导农村土地经营权有序流转发展农业适度规模经营的意见》指出了土地流转发展的几种主要形式：一是农户以土地经营权为股份共同组建合作社，这是发展趋势最明显、比较常见的一种形式；二是权利人将土地使用权和投资者的投资共同组成公司或经济实体，这种形式的土地流转规模更大，有些甚至是整村土地流转，此种形式的土地流转发展比较缓慢；三是将土地出租给大户或家庭农场，调查来看，后期多个大户或者农场为了抵御土地流转风险会彼此组合，进一步发展成合作社；四是农户私下流转土地给种田大户或者其他农户，这是土地流转的雏形。以上几种土地流转后各主体的风险与保障问题将在下文分别进行讨论。

第二章　农业合作社与"新打工者"

2007年,《中华人民共和国农民专业合作社法》正式颁布并实施,此后农民专业合作社(简称农业合作社)开始进入快速发展时期。农业农村部的统计数据显示,截至2020年5月,全国依法登记的农业合作社已达到222.5万家。① 从农业合作社的产业类型来看,涵盖肉蛋奶、粮棉油、果蔬茶等主要产品生产;从发展趋势来看,逐渐由种养业向观光旅游、休闲农业、民间工艺品制作和服务业延伸,有多元化发展的趋势。实践证明,农民合作社在组织带动小农户、激活乡村资源要素、引领乡村产业发展、维护农民权益等方面发挥了重要作用,是精准扶贫和实施乡村振兴战略的重要力量。

当前学术界对农业合作社的研究几乎涵盖全国不同地区,关注的主题重点集中在以下方面。

一是探讨发展农业合作社的重要性以及优势。朱启臻等学者认为,农业合作社是一种新型的合作社,有利于提高农民组织化程度,降低制度成本,提升农业综合效益,保护农民利益。② 季玉福提出,农业合作社是我国实现农业现代化的组织基础,土地流转合作社是我

---

① 农业农村部:《我国依法登记的农民合作社达222.5万家》,《中国新闻网》2020年9月3日。
② 朱启臻、王念:《论农民专业合作社产生的基础和条件》,《华南农业大学学报》(社会科学版)2008年第3期。

国各类资本特别是民营资本投资现代农业的重要载体。① 职雨地、李加荣介绍了焦作市孟香果蔬专业合作社的土地流转机制，发现该合作社实现了规模经营，维护了流转方的利益，促进了土地流转。② 文会中研究了北坪模式后指出，合作社作为桥梁负责农户与企业的沟通，切实保护了农户利益。③ 颜俊学、颜瑾以湖北省宜昌市为例，发现合作社已经突破依靠家庭和利用血缘、地域、邻里等初级社会关系组建初级合作社的阶段，实现了商品市场化的需求。④ 张三峰、杨德才以江苏省泗阳县为例，认为合作社不仅可以缓解土地分散经营的矛盾，还可以促进农户学习农业科技。⑤ 李铜山、汪来喜以河南农机合作社为例，认为发展农机合作社不仅可以加强农户交流，还可以推动土地流转。⑥ 王晓平等通过研究任村的合作社，认为合作社不仅促进了土地流转，还提高了经济效益，取得了很好的社会效益，改善了农村的周边环境。⑦ 穆娜娜、孔祥智、钟真研究发现，合作社可通过提供各种农业社会化服务，得以降低农业生产成本，提高农产品销售价格和产量，统一稳定销售渠道，开展农产品深加工，促进农村剩余劳动力转移和土地流转，并带动农民投资参股，从而提高农民的收入水平。⑧

---

① 季玉福：《土地流转合作社：我国实现农业现代化的重要路径》，《农村经济》2012年第9期。

② 职雨地、李加荣：《创新土地流转机制　实现农业规模经营——焦作市孟香果蔬专业合作社破解土地流转新课题》，《农经之窗》2008年第5期。

③ 文会中：《催生现代农业的新探索——湖南攸县"北坪模式"的启示》，《深度观察》2009年第3期。

④ 颜俊学、颜瑾：《基于精准扶贫分析我国中西部山区科技服务促进农民增收的成效——以湖北省宜昌市为例》，《青年论坛》2017年第8期。

⑤ 张三峰、杨德才：《基于农民异质性的土地流转、专业合作社与农业技术推广研究——以江苏泗阳县X镇为例》，《财贸研究》2010年第2期。

⑥ 李铜山、汪来喜：《论全力推动农机专业合作社发展的综合效应和重要意义——以农业大省河南省为例》，《中国发展》2012年第4期。

⑦ 王晓平、张少冬、陈永胜、刘亚军：《农村土地流转的调查与思考——以甘肃省庆阳市宁县焦村乡任村为例》，《甘肃理论学刊》2012年第6期。

⑧ 穆娜娜、孔祥智、钟真：《农业社会化服务模式创新与农民增收的长效机制——基于多个案例的实证分析》，《江海学刊》2016年第1期。

第二章　农业合作社与"新打工者"

李少华、樊荣通过对晋中市的调研，发现农业合作组织可以优化农业生产要素配置，使土地要素与其他要素更好地结合，充分发挥各生产要素的作用，有效解决"三农"问题。同时，土地向农业合作组织流转的模式具有较大的发展潜力，除了增加土地效益外，还能够在一定程度上降低土地流转风险，确保农民在城乡之间双向流动。[①]

通过学者对发展农业合作社的重要性以及优势的研究，可以认为土地流转与合作社的发展相互促进，甚至能够在一定程度上保护农民的利益，降低土地流转风险。以上结论的意义在于，可以通过对比思考本书研究的问题，比如选择的田野点中，与土地流转之前相比，合作社的优势在哪里；农业合作社形成后农村家庭到底有没有风险。

二是农业合作社发展的影响因素研究。朱启臻等学者认为，农业合作社的发展需要一系列的条件因素，不可能在分散的小农生产基础上自发产生。这些基本条件包括专业化生产、合作者之间资源的异质性、合作社领导人的存在和政府推动等因素。[②] 吴健通过分析我国产业结构调整的必然性，得出产业结构调整会引起合作社形式的发展变化。[③] 蔡梦雪介绍了农业合作社发展的四个影响因素，即人力因素、生产物质条件因素、制度因素以及政府因素。[④] 对这些因素的讨论，有助于我们思考农业合作社发展的地方性特点。

三是农业合作社的分类与模式研究。周世民、何命军以烟农专业合作社为例，将合作社分为紧密型种植合作社、松散型合作社、专业服务型合作社、综合服务型合作社，认为合作社的功能主要表现在以

[①] 李少华、樊荣：《农业生产要素视域下农业专业合作社的发展问题——以山西省晋中市为例》，《福建论坛》（人文社会科学版）2012年第12期。
[②] 朱启臻、王念：《论农民专业合作社产生的基础和条件》，《华南农业大学学报》（社会科学版）2008年第3期。
[③] 吴健：《产业结构调整和土地流转农业产业合作社形式》，《财经农业经济》2014年第5期。
[④] 蔡梦雪：《河北省肃宁县益源专业合作社土地合作新模式的研究》，硕士学位论文，河北农业大学，2015年。

下方面：专业服务的主体、生产组织形式转变的枢纽、标准化技术推广的载体、烟叶生产组织的班组、烟农致富增收的家园、烟区"三农"工作的支点。①李凌方通过案例介绍了三种合作社模式：土地存贷合作社模式、综合性合作社模式、土地股份合作社模式，着重探讨了"公司＋合作社＋农民"的模式，认为此种合作社除了承担土地流转工作和协调工作外，也承担了提供服务和进行植保等工作。②部分学者介绍了合作社的经营模式。乔密鑫调研发现，如果想要合作社适应新形势需求，就要创新经营模式，如租赁、入股、托管等。③穆娜娜、孔祥智、钟真列举了多个案例，介绍了两种模式："公司＋合作社＋农户"模式、六统一模式。④韦彩玲介绍了"龙头企业＋合作社＋农民"模式的相关情况。⑤随着农业合作社的进一步发展，未来可能出现的模式会越来越多元化。上述模式不仅拓宽了合作社研究的视野，也可以反观本研究中合作社模式的功能。

四是农业合作社发展的问题与对策研究。张翠娥、万江红认为，农业合作社存在经营主体边界不清、结构松散、功能不健全、服务产品单一等困境。⑥林军、岳世忠分析了合作社在发展中存在农村保障体系缺失、劳动力出路狭窄、产业带动农业的作用有限、土地流转方式难度大、资金不足、工作机制不健全、合作社组织不规范的问题。⑦

---

① 周世民、何命军：《烟农专业合作社建设模式与职能：以长沙市为例》，《作物研究》2012 年第 6 期。

② 李凌方：《农民合作社在土地流转中的作用机制研究——基于湖北多地案例的实证分析》，《湖北民族学院学报》（哲学社会科学版）2018 年第 1 期。

③ 乔密鑫：《创新经营模式强化服务功能——山西省晋中汇丰农业专业合作社联合社经营模式调研报告》，《山西农经》2017 年第 23 期。

④ 穆娜娜、孔祥智、钟真：《农业社会化服务模式创新与农民增收的长效机制——基于多个案例的实证分析》，《江海学刊》2016 年第 1 期。

⑤ 韦彩玲：《土地流转"龙头企业＋合作社＋农民"模式的潜在问题及对策研究》，《甘肃社会科学》2012 年第 6 期。

⑥ 张翠娥、万江红：《传统与现代之间：农民专业合作社的发展困境》，《农村经济》2011 年第 9 期。

⑦ 林军、岳世忠：《农村土地流转合作社发展问题研究》，《先驱论坛》2010 年第 29 期。

张静、段瑞娟介绍了中卫市沙坡头区的农业合作社,指出该合作社存在经营监管机制不健全导致农民自发流转行为和农村土地流转运作不规范的问题,土地规模化边界尚未定论,阻碍农业规模化经营,促进土地流转良性发展的政策环境有待改进。[1] 李少华、樊荣指出了晋中市合作社发展中的问题,如资本匮乏、社员素质不高和经验不足、农业科技投入有限,认为政府对农业专业合作社的引导和服务还有待进一步提高。[2] 李治等指出塘头镇合作社存在思路不清,规划不全,随意性强,对市场适时需求的产品缺乏认真调查、总结、分析,不合理安排种植,规划生产种类少,品种较单一,不适应市场供给,常出现种植与市场不相适应的产品等问题。[3] 吴卫卫剖析了制约我国合作社发展的问题,如规模小,经济力量弱,组织结构管理不规范。[4] 大部分学者从合作社的资本、劳动力、科技投入、监督管理、政府政策规范制度对其良性发展提出可行性建议。比如,增强对合作社的服务功能从而提高合作社经济效益[5];加强农村基础设施建设和信贷支持[6];加强培养合作社人才,为合作社提供智力支持;加强科技投入[7];加强对合作社的监督管理,做到公开透明[8];规范运作合作社,因地制

---

[1] 张静、段瑞娟:《农民合作社以土地流转方式经营农业现状分析——以引黄灌区宁夏中卫市沙坡头区为例》,《农村经济与科技》2016年第5期。

[2] 李少华、樊荣:《农业生产要素视域下农业专业合作社的发展问题——以山西省晋中市为例》,《福建论坛》(人文社会科学版)2012年第12期。

[3] 李治、彭富春、卢维红、袁子华:《塘头镇农业专业合作社现状、存在问题及发展方向探讨》,《三农论坛》2016年第12期。

[4] 吴卫卫:《土地流转背景下农民专业合作社参与问题研究:以江西铅山县为例》,硕士学位论文,江西财经大学,2015年。

[5] 乔密鑫:《创新经营模式强化服务功能——山西省晋中汇丰农业专业合作社联合社经营模式调研报告》,《山西农经》2017年第23期。

[6] 文会中:《催生现代农业的新探索——湖南攸县"北坪模式"的启示》,《深度观察》2009年第3期。

[7] 吕凯:《基于土地流转视角的农民专业合作社发展问题研究》,《三峡大学学报》(人文社会科学版)2017年第3期。

[8] 张静、段瑞娟:《农民合作社以土地流转方式经营农业现状分析——以引黄灌区宁夏中卫市沙坡头区为例》,《农村经济与科技》2016年第5期。

宜发展合作社，引导土地向专业合作社流转，实现规模经营①；政府要加强对合作社的指导，落实中央政策②；健全合作社管理制度，促进合作社发展③。

从上述研究来看，现阶段农业合作社发展存在的主要问题集中于组织本身。比如，合作社形成初期，土地流转运作不规范，可能衍生经营主体边界不清的问题；合作社形成后，组织机构存在管理、经营、监管问题等。这些可能是当前农业合作社发展的共性问题，如果得不到解决，可能就会产生一定的风险。本书通过这些结论思考田野点中合作社成立后不同家庭面临的风险。

农业合作社是农村家庭土地流转后的重要组织形式。之所以最先讨论农业合作社形成后可能面临的风险与需要的保障，是基于已有理论研究和实践证明，农业合作社是比家庭农场更高层面的组织形式，更能抵御农村家庭的各种风险。④ 它有村民自发组成的农业合作社，也有政府与村集体牵头组成的合作社，是农户内生性与外力推动性兼具的组织形式。通过土地流转形成的合作社，将产生两个互动的新型农业主体：一是合作社的经营者，二是将土地流转给合作社的农村家庭。本书以李村为调查点，笔者也于2018年6—8月赴李村调研，围绕李村合作社的历史与发展探讨这两类主体在土地流转后的日常生活，了解他们面临的风险、现阶段如何规避风险。

第一节　李村农业合作社的历史与发展

本书的调查点是鄂西南土家族地区的李村。选择该地做田野调查

---

① 王雨：《发展农民专业合作社　推进土地使用权集中流转——武陟县乔庙乡马宣寨村发展专业合作社促进土地流转的调查》，《农经之窗》2009年第4期。
② 吕凯：《基于土地流转视角的农民专业合作社发展问题研究》，《三峡大学学报》（人文社会科学版）2017年第3期。
③ 王雨：《发展农民专业合作社　推进土地使用权集中流转——武陟县乔庙乡马宣寨村发展专业合作社促进土地流转的调查》，《农经之窗》2009年第4期。
④ 朱启臻：《合作社市农业生产者的理想组织形式》，《农村经营管理》2018年第11期。

基于如下考虑：第一，已有关于农业合作社的研究案例多是对经济较发达地区的调查，比如上海、山东等农业合作社发展的示范区，很少关注贫困地区农业合作社的发展。第二，随着乡村振兴战略的实施，贫困地区农业的发展问题更为迫切。李村实施精准扶贫的成效比较显著，村民通过产业发展实现脱贫的重要途径就是成立了农业合作社。因此，对该村的研究，有助于我们在乡村振兴战略与精准扶贫的背景下思考新型农业主体面临的风险和未来可能有效的保障机制。

鄂西南土家族地区，又称武陵山区土家族苗族文化生态保护实验区，包括恩施土家族苗族自治州和长阳土家族苗族自治县、五峰土家族苗族自治县。该区域包括"一州两县"，在文化上都是显著的少数民族地区，土家族人口数量在各地区所占比重远超其他民族，在经济上都是老、少、边、穷地区，在地理上都位于山地区域，在生活方式上具有相当高的相似性。

"一州两县"中的恩施土家族苗族自治州同时是湖北省唯一的西部大开发地区，全州2市6县皆被列为国家扶贫开发重点区，贫困人口基数大，覆盖范围广，是扶贫开发工作的示范区和主战场。正因如此，党和国家领导人历年来多次前往恩施自治州考察调研。国务院总理李克强分别于2008年和2012年考察调研过该州。据统计，截至2013年，全州贫困人口108.64万人，约占该州农业人口的1/3、湖北省贫困人口的1/5。通过扶贫开发工作的深入开展，到2015年，恩施自治州总计减少25.62万贫困人口。2016年，全州减少贫困人口27.40万人。可以看出，该地区的精准扶贫成效显著。[①]

李村位于恩施市东北角，距离恩施市城区52千米，318国道穿越而过，村内"四桥相映""峡谷探幽"。全村国土面积20平方千米，

---

① 郭耿轩：《武陵山连片贫困地区产业精准扶贫创新案例研究——以湖北恩施土家族苗族自治州为例》，《重庆科技学院学报》（社会科学版）2018年第5期。

其中耕地总面积3230亩，水田323.8亩，基本农田1833.9亩。全村实施天保工程建设，森林总面积为10240亩。全村小组硬化公路通车里程50千米。村旁有清江河流过，全长18千米，两岸奇峰石林，峭壁对峙，峡谷幽深，渔业资源丰富，形成生态农业旅游观光园，旅游资源开发前景广阔。

李村现辖村民小组8个，751户，2711人，其中劳动力2182人，外出劳动力占比35%。2018年，根据州脱贫攻坚指挥部〔2018〕1号令精神，对李村实施帮扶的相关单位落实8个"到村到户"的要求，对李村进行摸底调研，了解到其建档立卡贫困户298户923人，已脱贫262户870人，其中2014年脱贫44户144人，2015年脱贫21户74人，2016年脱贫47户177人，2017年脱贫150户475人，现留存36户53人。全村现有党员82名，干部7名，其中大学生村官1名，州、市驻村"尖刀班"成员6名。辖区内设有一所160人的小学、一所村级卫生院。域内农田基本都用于发展特色种植柑橘柚、茶叶和蔬菜等产品，现有茶叶200亩，柑橘柚1000亩，蜜蜂180群。

历史上，李村土地资源十分丰富，水草丰美，土壤肥沃，具有良好的农业产业发展基础。长期以来，由于该村没有发掘或引进良好的农业经济作物，村民收入主要靠外出务工，白柚、茶叶、蔬菜种植和生猪养殖为其主要经济产业。成立合作社之前，他们都是分散的小农种植，很大程度上浪费了该村的农业产业优势。精准扶贫活动开展后，在广泛调研的基础上，扶贫队伍摸清了该村农业资源现况，并结合实际情况选择首先发展一批特色产业，利用产业发展实现脱贫。根据发展实际，李村因村因户制宜发展脱贫产业，严格按照《2018年脱贫攻坚作战方案》提出的"五个一"要求，即按照一村一个规模化种植（养殖）基地、一个龙头企业、一个专业合作社、一个村集体经营公司、有劳动能力的户一户一个脱贫增收项目进行产业扶贫。[1]

---

[1] 李旺：《鄂西南土家族地区精准扶贫特色与模式研究——以恩施市李村为例》，学士学位论文，长江大学，2019年。

当前，李村现有三个专业合作社，即李村蔬菜农业合作社、李村茶叶专业合作社和李村水果专业合作社。李村主要通过成立农业合作社来实现农业产业发展，最终助力精准扶贫。目前，李村建档立卡的298户贫困户已脱贫，实现整村脱贫。

结合当地地势起伏大的地理环境和雾水充沛的气候条件，该村首先发展茶叶种植，共有茶园2200余亩，已有1000余亩开始收益。截至2018年，李村新建茶叶基地及其加工企业，总投资50万元；改造管理老茶园2000亩，总投资40万元。以现有茶叶专业合作社为基础，改良老茶园，管好新茶园，通过技术示范指导，全村茶园提档升级，茶园产量增加，茶叶品质提高，茶农收入增加，覆盖了全村108户贫困茶农。

考虑种植成本小、周期短、收益小等优势，该村部分农户选择发展蔬菜种植。2016年，由蔬菜农业专业合作社牵头，带动周边群众参与，已发展优质蔬菜400亩，实现年收入200余万元，带动100余户贫困户增收。截至2018年，该村培植蔬菜专业农业合作社500亩，总投资50万元；在相关村组落实菜椒、西红柿种植面积180亩，带动全村贫困户75户增收。

考虑山地地形特点、历史基础及恩施自治州瓜果食用偏好，该村选择种植一批柚子树和橘子树，依托李村水果专业合作社统一生产经营。现已建成橘柚园2000亩，投产面积达到1200余亩，预计亩均收益4000元，可实现年收入近500万元。果园建设示范基地管理柚园1000亩，总投资5万元。[①]

从调查来看，李村的精准扶贫主要是产业扶贫，而产业扶贫主要依托农业合作社的发展，以蔬菜、水果与茶叶合作社为主，合作社的经营管理模式也相对成熟。李村合作社的经营管理模式可以概括为：

---

① 李旺：《鄂西南土家族地区精准扶贫特色与模式研究——以恩施市李村为例》，学士学位论文，长江大学，2019年。

综合生产、统一经营、统一管理、统筹营销。在这种模式下产生两类新型农业经营主体，即合作社的经营者（简称社员）与被合作社雇用的下田劳动的农民（简称"新打工者"，不同于在城市里打工，他们是在李村的合作社打工）。这不同于其他地区合作社"综合生产、统一经营、分户管理、统筹营销"的模式，分户管理模式下不会出现"新打工者"，因为农户是在自己的田里劳动，不存在雇佣关系。

李村合作社的综合生产是指形成了蔬菜、茶叶、水果种植、种苗繁育、销售、生产基地；统一经营是指合作社经营者的产品由合作社统一组织收购、净选、分装、加工、销售，社员所需农业生产资料由合作社统一采购，为成员提供机械化作业服务。同时，合作社统一安排技术人员对前来打工的农户进行指导，并组织社员开展合作社生产，提供相关信息咨询服务。统一管理是指农户将承包的土地流转给合作社的经营者，合作社的经营者统一负责管理。统筹营销是指合作社在市城区、县城建立了多个城市社区配送站，统一收购社员的产品，由配送站根据社区居民需要、负责分送到社区居民家中。合作社实行生产配送一体化、产供销服务一条龙的统一营销模式。

第二节 合作社的地方性与"新打工者"的风险转嫁

李村合作社成立实际上是响应国家号召，助力精准扶贫，最终增加村集体的收入，推动村庄经济发展。村书记老鲍最初是想找企业等外部资源，如采取股份合作制，但是因为地理位置偏僻，交通不便，加上村里有负债，找了好几个公司都没有谈妥。老鲍不得不从成立合作社上面着手，刚好2016年李村启动了耕地确权和精准扶贫。借着国家的好政策，老鲍一方面争取到扶持特色合作社项目的支持，由市农业局免费给合作社提供果树苗；另一方面，以橘柚合作社为主体，申请建成市果园建设示范基地。就李村的三家合作社而言，除了种植的物种不同，管理经营模式同质性很强，下面仅以橘柚合作社为主进行分析。

黄宗智认为，中国带有提高劳动生产率和收入目的的农业革命，其动力和历史上的农业革命十分不同。也就是说，中国的农业变迁有不同于西方国家的特点，在于它是隐性的，不是来自某种新的投入而提高了某些产物的亩均产出，主要是由于从低值的谷物生产转向蔬菜与水果的生产。李村合作社的发展也印证了这一点。正如农业变迁不简单取决于市场、技术或产权制度等人们较多关注的因素，而是由这些因素和人地关系资源禀赋、城乡关系、国家行为，以及历史巧合之间的互动所促成的。[①] 李村的合作社也有其地方性的特点。李村最大的优势是地多人多，村里有一所小学，没有中学，设有留守儿童之家。老鲍认为，李村主要的问题是老百姓思想不开放，民风不淳朴和思想落后，部分村民钻村委治理的空子，乡村治理工作开展有难度。比如，有些村民会跟在垃圾车后面给飘下来的垃圾拍照，然后说村委会不作为，不为村里的子孙后代营造良好环境，觉得很有必要在村里开展文明宣传教育，提高村民素质。尽管村里常常有村民故意做一些事情为难村干部，但对通过土地流转成立合作社这个事情，老鲍觉得做得比较成功，因为给村民带来了实惠，得到多数农村家庭的支持和认可。如果单从土地流转后农村家庭的风险角度来看，李村合作社表现出如下地方性特点。

一 合作社的经营主体边界清晰明确，但经济风险转嫁给合作社的经营者

许多对合作社的研究提到了合作社经营主体边界不清的问题。[②] 但李村不存在这个问题。李村合作社的法定代表人是老鲍，包括老鲍

[①] 黄宗智：《中国的隐性农业革命（1980—2010）——一个历史和比较的视野》，《开放时代》2016 年第 2 期。

[②] 张翠娥、万江红：《传统与现代之间：农民专业合作社的发展困境》，《农村经济》2011 年第 9 期。

共有 4 名发起人,他们是村委会的主要成员,也是合作社的经营者。由老鲍作为法定代表人以合作社(甲方)的名义与土地转出者(乙方)签订《土地流转种植合同》。合同签订后,乙方委托甲方对流入的土地提供从农作物种植到农产品销售的全程种植和管理服务。也就是说,土地流转后,合作社统一经营、管理和销售,经营主体确定为 4 名发起人,合作社的大小事务由他们共同决定,最初的土地转出者不再参与合作社的决策。实际上,合作社的劳动力主要来源于李村村民(土地转出者),他们作为土地转出者扮演新打工者的角色,在合作社打工有收入,平均 130 元/天,每天下田劳动 8 小时。合作社的经营主体之间既彼此合作,也有明确的分工(见表 2-1)。

表 2-1　　　　　　　李村橘柚合作社经营主体概况

姓名	年龄	文化程度	家庭收入来源	年收入(万元)	合作社分工
老鲍	52	高中	开商店	≥15	上传下达+统筹
阿强	48	高中	打工+种田	≥12	田间综合管理+雇用工人
小艳	40	中专	开幼儿园	≥18	贷款+销售
大庆	54	高中	养猪+种田	≥10	土地流转+技术咨询及培训

老鲍作为村子里少有的几个高中生,当了三届村干部。他说自己本来想退下来,但是找不到合适的人,因为年轻人都去外地打工了,村子里有负债,暂时没有人接手。2000 年,他在村子里开小卖部,主要经营零食与日用品。他家里盖的是两层小楼,一楼北面靠近路边的一间房子作为小卖部的门面,大约 30 平方米,前 10 年生意非常好。后来,隔壁村子里有人开了超市,他的生意稍微差些,于是转向经营种子、农药等农用产品。他家原有 8 亩地,开店后就免费流转给同组的亲戚耕种了。他觉得自己条件好,也有能力挣钱,不在乎田里的租金,但是亲戚田里种的菜他可以随时采摘,如果种棉花也会做两床被子送给老鲍家,种油菜的话就会榨两壶油送给老鲍。2016 年村里开始

第二章 农业合作社与"新打工者"

耕地确权，2017年中旬发放确权证，老鲍把土地确认在自家名下，现在自动转入该合作社。老鲍的独生儿子大学毕业之后到外地找了工作，现在结婚生子，老鲍的妻子过去带孙子，他现在一个人在家没有牵挂，刚好有时间管理合作社。合作社成立后，对老鲍个人的经济收入没有产生太大影响。最初，他觉得精神压力比较大，因为统筹要花费很多精力，好在他们有分工也有合作，但对收益不是很确定。

因为阿强是高中毕业，然后一直待在村子里，对村里的情况非常熟悉，所以也当了两届村组长。阿强和妻子在家种田，他的儿子高中毕业后就出去打工了，每年大约有5万元的收入。阿强也算是种田能手，因此刚好发挥特长，负责合作社的田间管理。前几年，村子里有人出去打工就会把田私下给他耕种，所以他每年的田间收入也有5万元左右。现在，他把自家方便集中的4.8亩地转入合作社，其他偏远的土地还是留给妻子耕种。这样万一合作社不赚钱，他还可以避免经济损失。

1998年，小艳在医专毕业后没有找到对口的工作，于是回到李村。因为有文凭，加上人很热情外向，她被选为村子里的妇联主任。结婚之后，与丈夫一起开了村子里的第一家幼儿园。她丈夫是学计算机的，两口子也算是村子里的文化人。小艳的丈夫也是李村的，公公婆婆都在家种田，父母则在幼儿园负责管理食堂。小艳的交往能力很强，开幼儿园的贷款都是自己申请办理的。因为熟悉贷款的流程，现在由她负责合作社的贷款与销售。

大庆算是村子里最早的高中毕业生，与老鲍一样当了三届村干部，最开始当治保主任，现在是村主任。大庆家里兄弟姐妹共有7个，他是最小的，没有下田干活的经历，因此不是很在行。他主要在家从事养殖业，每年大约养30头猪，妻子主要下田做农活儿。大庆家共有9.6亩地，现在把2.47亩地归入合作社，其他的地仍由妻子耕种。大庆爱看书，也懂技术，所以在养猪方面比较有心得，加上爱交往，村里找他做技术咨询的人很多。大庆的沟通能力很强，人缘很好,合作社成立时几乎所有涉及土地流转的农户,都是大庆负责做解释与说明。

从调查来看,合作社经营主体呈现出如下特点。(1)村庄精英控制且分工明确。4名发起人都具有高中文化程度,能够按照个人能力及特点实现合理分工与合作,既可以提高合作社的运作效率,也可以适当规避风险。(2)村庄治理主体与合作社经营主体高度重合。合作社的4名发起人都是村委会成员,对村庄的各种情况都很熟悉,平时也肩负着基层社会治理任务,实现村庄治理与合作社经营的统一。(3)土地流转后,其家庭收入并非完全依赖合作社。老鲍有自己的商店,阿强家的土地并没有全部流转,小艳经营幼儿园,大庆的养猪场继续做得风生水起,合作社的每个经营主体都找到了退路。为什么要这样做呢?是不是害怕不可预知的风险呢?

李村有8个小组,合作社是基于土地集中的片区成立的,柚园合作社基本上流转的是一组、二组和三组农户的土地。目前,村里还有耕地地力保护补贴,每亩86元,地方财政补贴了3年左右。政府号召农户发展橘柚,但是农户不愿意种,普通农户主要是技术不行,害怕种不好也担心不挣钱,村干部才着手合作社的事情。

从签订的土地流转种植合同来看,有专门的土地收益分配方案,表明"协议内土地效益的核算,由甲方承担风险"。从合作社经营者的访谈中也可以证实。

"我们村里负债几百万元,无村办企业,也没有基础设施。现在政府搞精准扶贫,我们干部要帮助大家一起脱贫。搞合作社其实对农户蛮好,觉得种地更自由,想下田干活就去,不想就可以去休闲,一般是打麻将。而且,每亩地转出之后每年有500元纯收入,在农忙季节也可以到合作社打工。但是我们几个风险就蛮大的,搞得好就好,搞不好吃力不讨好,亏本不说,该付给农户的钱还是要付的!"(阿强—男)

"合作社肯定有风险啊,我觉得主要是在我们几个人(合作社的经营者）身上。合作社头三年肯定是没有收益的，但是每年还要给流转土地的农户每亩 500 元的租金，就算后面果苗成熟有效益，但是市场价格不好说，未来能不能赚钱哪个晓得啊……"（大庆—男）

对于土地的使用，合同也规定得很清楚：甲方未按照协议规定用途使用土地，改变农业用途，或者造成土地永久性损害、土地荒芜的，乙方劝阻制止无效时可以依法解除协议，并由甲方承担土地恢复费用。

总体来看，甲方也就是合作社的经营者要承担合作社不可预知的经济风险、土地使用和效益风险。对土地转出后的农村家庭来说，他们与土地转化为雇佣劳动关系，不仅流转了土地，也相应地转出了风险。

二　农户的土地以非自愿性转出为主

在几家合作社成立之前，李村私下土地流转的价格是 100—200 元每亩，主要在亲戚和邻居之间，没有书面合同，都是口头随意商量，想回收时就回收。从精准扶贫开始，在政府的推动下，陆续有对口支援的单位给村里的增收出谋划策，合作社应运而生，有着茶叶合作社成功的经验，现在村里橘柚合作社每亩统一价为 500 元。橘柚合作社要求的土地是一组、二组、三组村北最好的那片，也有村民要价每亩 800—1000 元。因为之前林业局对公路沿线的土地征收时是每亩 800 元，因此村民会以这个为标准跟村集体讨价还价。村里的土地本来就分布不均，每块土地的肥力也不尽相同，因此价格不可能统一，没有村民自愿转出。为此，大庆挨家挨户地去做说服工作，为了保证公平，最后签了 10 年的合同，每亩地按每年 500 元直补，同时补偿当年土地流转的青苗损失费 200 元。为了顺利拿到那片地，合同还承诺 5 年之后，合作社对流转农户按每亩年纯收入的 20% 分红。最后，说服 24 户农村家庭转出了土地，其中有 4 户农村家庭全部转出了土地。他们为什么要将土地完全转出，又将面临怎样的无地可种的局面？通过表2-2来看这4户农村家庭的基本情况。

表2-2　　　　　　　　土地全部转出的农村家庭情况

姓名（年龄）	文化程度	土地流转前收入来源/年收入（万元）	土地流转后收入来源/年收入（万元）
新华（60）	初中	安徽打工/4	附近打工+合作社雇工/5.5
小曾（40）	初中	青海打工/5	附近打工+合作社雇工/6
石河（53）	小学	剃头匠+种田/4	剃头匠+合作社雇工/5
世月（52）	文盲	收杂货+种田/4	收杂货+合作社雇工/6

新华快60岁了，在安徽合肥大概打了20年工。当初去合肥打工是因为儿子当兵转业去了那里，以做泥瓦工为主。新华本来就不喜欢种田，出去打工的时候一直把家里的地给亲戚免费耕种。现在年纪大了，想着不能离家乡太远，就在家附近继续做泥瓦工，不做泥瓦工的时候就去合作社打工。

小曾之前不是李村的，因为家里很穷，所以做了李村的上门女婿。小曾初中毕业后一直在外面打工，结婚后就与妻子一起去青海打工了，每年才回来一次。小曾完全没有种田的经验，所以在大庆的劝说下干脆把地转了出去。加上小曾现在有了孩子，就不想跑到省外打工了，就在附近的超市负责拉货。土地流转后，在农忙季节也去合作社打工。

石河做了大半辈子的剃头匠，十年前他的生意还是很红火的，现在的年轻人都到城里去做时髦的新发型，如今生意不好，只是偶尔给村子里年纪大的人剃头。因为他妻子一直种田，但是现在要带孙子，这几年就是下地干活。

世月是残疾人，得了小儿麻痹。他有时候出去收杂货卖，有时候出去捡杂货（也就是做拾荒者），农忙的时候也会和妻子一起下地干活。尽管他们总是很忙碌，但田地的收成却不算好，属于李村种田较差的农户。因为家庭贫困，儿子现在34岁也没有结婚，一直在外面打工，不会种地。本来也舍不得把农田转出去，但是现在感觉年纪大了，持续性地下田干活有点儿力不从心，偶尔去合作社打工倒是不错的选择。

先来回答他们为什么要将土地完全转出去？第一，土地流转前，家庭收入并不是完全依赖种地。第二，他们最初依靠种田没有获得较高的收入。第三，未来家里无人种地，或者单纯种地的可能性不大。第四，成为合作社的新打工者之后会增加收入。

从大庆说服他们转出土地的访谈也可以证实："你们心里不愿意根本就是小农思想，其实成立合作社之后比现在单独种这几亩田的收入要多。特别是种玉米和小麦的，成本很大，产量很低，而且从播种到收获每个环节都要请机械。就算种棉花收入高一点，但你可以算一个账，我们村里最会种田的，10亩地全年劳动，除去机械、种子、农药、人工等成本的收益是20元/天，也就是一年的纯收入只为6000多元。但是你把田流转出去之后，就保证你即使不下田每亩地也有500元的纯收入，加上你可以去合作社打工，也可以去外地打工还不用操心这几亩地，只要一比较就知道土地流转之后收入肯定会增加。"（大庆—男）

再看他们将面临怎样的无地可种的局面？第一，只要收入增加，农户就不觉得土地全部流转之后会有风险，这里的风险特指经济上的损失。当土地全部转出之后，这些农村家庭收入来源的增加一方面取决于转出土地的多少，转出去的土地越多，土地流转的固定收入就越多；另一方面，是去合作社的打工收入，这根据每个人的劳动量决定，差别并不大。最后就是，每个家庭的副业收入不同。第二，合作社的土地流转有正式的书面合同，农户并不害怕收不回来土地。

从对小曾的访谈也证实了这一点："现在我觉得搞合作社还是蛮好的，这样比以前更自由。你想去合作社干活就去，不想去也可以出去打工，能增加收入还不用担心自己的那几亩田。但是我们村里很多人思想不开放，都不愿意把田给合作社，他们觉得不管收多收少，手里都有田种。现在不像以前，都签了流转合同，这样基本上也不会产生什么矛盾。合同到期后，如果想种还是可以收回来的。"（小曾—男）

第三，对土地和种田的价值依赖感较弱。对于土地全部流转的农村家庭，表面上看其家庭生计模式不完全依赖种田，但这并不是他们特有的原因，因为在李村半工半耕的家庭很多，主要问题在于他们在观念上对种田有排斥。比如，新华情愿出去搬砖也不愿意种田。在实践中，这部分农户也无法从种田上获得成就感，如小曾、石河的种田经验都不足，而忙碌的世月一家人下田干活总是起得比鸡早，但是收成却没有变得比其他农户高。总体而言，在无地可种这件事情上，他们表现得并不是很在意。

随着农村土地流转的不断兴盛，小农经济逐渐解体。合作社成立之后产生的两类新的农业生产群体，正在改变过去小农与土地的关系：合作社的经营者拥有了土地资源与经营权；转出土地的农户成为"新打工者"。当他们出让了自家的土地之后，也随之成为合作社的雇佣工人，不再是农村改革之初的小农，也可能陷入"半无产者"的境地。[1] 也有可能成为合作社发展格局中被盘剥的对象。[2] 但我们没有必要将这两个群体对立起来思考，因为合作社的确能帮助普通农户提高经济收入，同时也不能忽视"新打工者"理性小农的一面。虽然土地流转不是完全的自愿和主动，但是通过对经济利益的对比和算计，农户将土地全部流转给合作社貌似也有点儿"正中下怀的爽快"，也就是说，双赢是可能的。现在来看，土地全部流转的普通农村家庭并没有因此遭受经济损失。

---

[1] 陈航英：《新型农业主体的兴起与"小农经济"处境的再思考——以皖南河镇为例》，《开放时代》2015年第5期。
[2] 楼栋、仝志辉：《中国农民专业合作社多元发展格局的理论解释——基于间接定价理论模型和相关案例的分析》，《开放时代》2010年第12期。

三 土地部分流转农户的心理风险呈现分化态势

黄宗智认为，中国农业经济依然是一种过密型的经济形态，农村人口不得不依赖外出务工的收入维持家庭的正常运转和人口再生产，而外出打工的风险又增加了农民对农村土地的依赖，因而形成一种"制度化了的半工半耕"的小农经济。[①] 也就是说，农户对农村土地的依赖可以给他们提供心理上的安全感或者是退路，有助于其规避外出打工的风险。贺雪峰在此基础上，结合长期农村调研提出，中国大部分农村家庭形成了比较固定的以代际分工为基础的半工半耕模式，即农村已婚子女在外务工，老人在家务农并照看孙子。[②]

李村部分土地流转的农村家庭也符合这种半工半耕型的家庭生计模式。贝克曾将社会不平等的个体化作为分析社会风险的重要维度。[③] 其中，安全感的丧失是个体化过程的重要表现，在此特指土地流转后农户的心理风险。有学者认为，文化程度、家庭收入水平以及兼业程度较高的农户，更关心社会服务的供给，良好的心理认知有助于他们表达出更高层次的服务诉求。[④] 农村家庭收入与文化水平高的农户更加关注精神需求，反之则更加注重物质利益。因为李村的村民文化程度差别不大，老鲍当第一届村干部的时候村子里没有一个大学生，目前参与合作社土地流转的农户以初中文化为主，在此不作为主要的分析变量。下面以家庭收入为主要变量对部分土地流转的农户做分类比较。以李村的总体平均收入水平看，将年收入10万元以上归为高收入农村家庭，6万—9万元的为中等收入家庭，5万元以下的为低收入家庭。当然，这也只是一种理想的分类。下面分别来看不同收入水平

---

① 黄宗智：《制度化了的"半工半耕"过密型农业》，《读书》2006年第6期。
② 贺雪峰：《论中国农村的区域差异——村庄社会结构的视角》，《开放时代》2012年第10期。
③ [德]乌尔里希·贝克：《风险社会》，何博闻译，译林出版社2004年版。
④ 万江红、祁秋燕：《合作社服务功能需求优先序研究》，《学习与实践》2016年第8期。

农村家庭的土地流转情况，然后通过结构式焦点团体访谈的方法呈现他们面临的风险问题（见表2-3）。

表2-3　　　　　李村高收入家庭部分土地转出情况

姓名（年龄）	土地转出规模（亩）	土地流转前收入来源	土地流转后收入来源
苏一（48）	3.7	弹花匠+工头+种田	弹花匠+工头+合作社雇工
石欢（52）	4.34	开麻将馆+小商店+种田	开麻将馆+小商店
金山（50）	2.47	木匠+打工	木匠+打工+合作社雇工
史进（53）	3.1	包工头	包工头+合作社雇工
仙海（50）	6.22	猪贩子+种田	猪贩子+合作社雇工

李村的高收入家庭多从事副业，有一技之长。他们土地转出的规模差别很大，基本上是根据家庭需要决定土地转出的规模，没有一定之规。

比如，仙海觉得这两年他还年轻，想有更多的时间做他的猪贩子生意，所以他转出去的土地规模大一点。

苏一家的耕地共有10多亩，最开始是他老婆在家种地，种田的收入很少，主要是依靠苏一搞副业挣钱。棉花收获的季节，苏一就去外面弹棉花，其他季节就在外面当小工头，主要负责拆房子，每年的收入大约15万元。现在，他们在县城给儿子买了房子，儿子与儿媳妇在外面打工。他们转出去3.7亩地，剩下的就免费给他弟弟耕种了。金山自己做木匠，他妻子和两个儿子都在外面打工，虽然家里没有多余的劳动力种田，但是他只转了两亩多地，剩下的地免费给邻居种。如果他妻子不想打工了，随时可以收回土地，也算是一种退路。

"我要是田种得蛮好，就不会去开麻将馆子，搞这个也蛮操心的。但我是不会把田全部给合作社的，万一哪天我的麻将馆子开不成，总还要有地种吧。"（石欢—男）

"我不想把田全部给合作社，全部转出去了心里不踏实，我自己又不是搞不动,不像那些七老八十干不了太多农活儿。我给自己留几亩,要是没有接到事,工程的行情不好,还可以继续种田;事情多的时候,我就可以不种田,一心一意去搞事,还可以去合作社干活赚点小钱,感觉还自由些……"(史进—男)

从团体访谈的结果来看,他们与土地之间的关系表现出以下特征:第一,高收入农村家庭并不是李村的种田能手,副业收入降低了他们对于种田的依赖感。第二,他们选择将土地部分流转,剩下的土地只是作为一种退路,自己并不耕种。这样一方面让他们有更多的时间从事副业,另一方面可以选择去合作社打工。

李村中等收入家庭的村民其实是对土地依赖最大的群体,他们算是一批比较会种田的农户,可以通过种田获得很高的价值认同感。土地转出给他们带来的不安是最大的,心理冲击比较大。因此,他们流转出去的土地几乎都只是占家庭全部土地的30%左右。他们也是李村最忙碌的群体,即使流转出一部分土地,也不会全部依赖打工收入或者是种田收入,平时都会去合作社雇工,因为那里有他们的地(见表2-4)。

表2-4　　李村中等收入家庭部分土地转出情况

姓名(年龄)	土地转出规模(亩)	土地流转前收入来源	土地流转后收入来源
石毅(52)	1.23	搭棚+种田	搭棚+种田+合作社雇工
世友(64)	2.46	打工+种田	打工+种田+合作社雇工
青州(61)	3.09	打工+种田	打工+种田+合作社雇工
钟年(48)	2.47	打工+种田	打工+种田+合作社雇工
世贸(63)	3.1	打工+种田	打工+种田+合作社雇工

实际上,李村低收入家庭大多是精准扶贫的对象,家庭收入都在三万元左右(见表2-5)。比如,大刚两口子一辈子都在家里种田,田里收入也就是2万元左右,儿子在外地打工补贴家用。石原的老婆

去外地照顾女儿的孩子去了,他一个人在家里种田,偶尔也做点泥瓦工,有时候拆房子也会打小工,一年的收入不超过3万元。

表2-5　　　　　　李村低收入家庭部分土地转出情况

姓名(年龄)	土地转出规模(亩)	土地流转前收入来源	土地流转后收入来源
青红(60)	3.1	种田	种田+合作社雇工
石帆(65)	2.49	种田	种田+合作社雇工
青伟(62)	1.24	种田	种田+合作社雇工
大刚(55)	3.95	打工+种田	种田+合作社雇工
苏生(61)	3.37	种田	种田+合作社雇工
石原(63)	3.72	泥瓦工+种田	种田+合作社雇工

当然,也有更贫困的,如石帆、青伟。石帆家庭一直是村里的低保户,他有三个孩子,大女儿嫁到附近的村庄,家庭条件稍微好一点;二女儿外嫁到很远的地方,因为二女儿16岁左右被拐卖后解救,为了不让别人说闲话,迫于压力就把二女儿外嫁到省外了,很少回来;最小的儿子上初中的时候因为学习压力太大精神分裂,然后他们就一边种地一边各处寻医问药给儿子治病,但是没有治好,后来石帆老婆就专门在家照顾儿子。

青伟现在是一个人在家,十年前老婆因为家庭暴力离家出走,后来就离婚了。青伟本来有两个女儿,但是因为憎恨青伟就到广东打工去了,十年从来没有回过家。青伟只有一个人在家种地,现在年纪慢慢大了,田里收入太少,女儿也不管他,就逐渐成为村里的贫困户。

李村的低收入家庭,对于土地流转,几乎都把土地看成自己的一种保障。以下的访谈也可以看出。

"我虽然只有一个膀子,但是也不得把田全部给别个(合作社),只能给一半。种田虽然赚不到钱,但管它收获多少,有地种,心里觉得踏实。我也不会全部自己种,那样风险太大了,收成不好的时候我

就亏本，但到合作社去打工就无所谓了，反正我干一天活得一天的钱。"（青红—男）

"我们两口子说实话种田也不行，不像他们会种的，收成那么好，所以转一部分给合作社也好。但是不种田了吧，又搞不好其他的事情，就还是留几亩自己种吧。"（苏生—男）

这一群体几乎都以种田为主，没有一技之长，土地是他们赖以生活的基本保障。这一群体的土地转出规模基本上占家庭全部土地的50%左右，一方面保证自己有田可种，另一方面也可以避免自己种田收成不好的尴尬局面。但无论是去合作社打工，还是自己种田，他们都离不开土地带来的安全感。

通过对橘柚专业合作社的考察，我们可以清楚地看到在合作社的发展中农村家庭土地流转后各主体面临不同的风险。合作社的经营主体是村里的精英，属于高收入家庭，他们流入了土地，也流入了经营合作社的经济风险。对于转出土地的农村家庭，他们的风险表现在转出土地后的心理依赖感上，试图通过这种依赖感对抗可能的社会风险。也就是说，不同家庭收入的农村家庭，在土地流转后农户的心理风险呈现分化态势，即高收入家庭与土地的关系表现为退路型依赖，中等收入家庭表现为价值获得型依赖，低收入型家庭表现为保障型依赖。

既然普通农村家庭流转了土地，也流转了经济风险，那么对于承接经济风险的合作社经营者该如何面对这种风险呢？只有理解现阶段农民合作社面对风险的实践形态，才有助于合理定位农民合作社在中国农业农村发展中的保障需求。

第三节　风险与保障：价格波动与金融扶贫

在 20 世纪 30 年代的乡村建设运动中，合作社运动首次出现在中国农村，并有政府的大力支持和知识分子的积极参与。尽管 20 世纪

30年代和今天存在诸多不同,但从两个乡村建设运动中都可以看到乡村发展与重建的基本问题在于农民缺乏组织,相信农村合作社是把农村小生产者组织起来的有效途径。当代关心农村的中国学者也把农村合作社看作新乡村建设运动的关键组成部分。① 精准扶贫是新乡村建设的重大举措,李村农村合作社的形成与发展深深地融入乡村发展的时代洪流。李村的合作社是在精准扶贫的背景下成立的,因为李村的贫困户较多,只有增加经济收入,才能实现精准脱贫。同时,政府为了鼓励合作社带动贫困户脱贫,也提供了一定的资金扶助。对于李村的精准扶贫与合作社发展,村党支部书记也有自己的看法。

"村里真正的贫困户,认为享受一年是一年,这是不正常的现象。目前,村里有100多户贫困户,但在申报过程中,村民们有时候会隐瞒财产,想方设法要到扶贫名额。搞合作社也算是产业扶贫,精准扶贫政策都落实下去了,有意见的基本上是没有申请到扶贫指标的农户。合作社虽然搞成了,但大部分还是小农思想占主导,特别担心60岁以后无地可以耕种,所以完全转出土地的农户并不多,最初我想一次性集中更多土地的想法并没有实现。我们果苗的种植周期较长,头3—4年可能无收益,但是每年仍然需要给土地转入的农户支付500元/亩的租金。也就是说,前几年没有收益但是我们仍然在付出,种任何作物的价格都是不确定的……但是对普通农户来说还是有保障的,他们流转的每亩地有500元纯收入,加上合作社打工挣钱,农忙时节可以自己出去打工,如下橘子、摘棉花等。现在搞精准扶贫,政府鼓励搞合作社,每亩补贴几十元,连续补3年,稍微可以减轻一点压力啊。当然,还有其他的支持……"

由此来看,尽管精准扶贫工作实施起来有一定的困难,但仍然给合作社的发展提供了政策支持和适当的资金保障。

---

① 严海蓉、陈航英:《农村合作社运动与第三条道路:争论与反思》,《开放时代》2015年第2期。

第二章　农业合作社与"新打工者"

有调查表明,就农户参与农业合作社的动机来看,通常是出于利益获得和风险回避的双重需要。这与李村的调查是一致的。也有研究认为,现有合作社更多的是帮助农户解决销售流通领域的问题。只有发展到一定规模,或是获得相关部门的支持和协助,才有能力为农户提供风险防范服务,如提供资金扶助、统一购买农业保险、提高技术保障和灾后指导及救助等。事实上,即使是发展较好的农业合作社,它们在日常为农户提供的生产技术指导也很少。许多研究认为,合作社最主要的活动仍然是生产准备期的品种选择、收获期的收购和外销。这与农业合作社结构松散,除了主要的销售和技术指导外未能分化出专门的部门,无法对不同的情况进行针对性的应对是紧密相关的。[①] 这样的问题主要出现在分户管理的模式中,李村合作社的"综合生产、统一经营、统一管理、统筹营销"的模式则很好地避免了技术指导缺乏的问题,可为农户提供风险防范。精准扶贫政策的实施,不仅为李村合作社的发展起到政策上的推动作用,也提供了技术保障,如有统一的技术培训。因为精准扶贫有对口资源的单位,某高校定期开展新型农业培训班,给李村的农户及合作社的经营者传授种植和经营管理知识,吃住和学费全包,有知名的专家传授。同时,对口高校负责人也希望村里可以派人交流学习,这样就可为村里的农户和经营者提供技术支持。

目前,李村合作社面临的最大风险是市场价格波动可能造成的经济损失。老鲍一直密切关注市场行情,不同种类的柚子市场价格不同。从 2019 年的行情来看,红心柚子的价格最高,批发价格可以卖到 2.5 元/斤,其次是沙田柚和蜜柚,最高批发价格是 1.5 元/斤,但是柚子收获旺季的最低收购价格只有 0.6 元/斤,而且比广东的柚子价格低 2 元/斤。他算了一下账,加上人工和各项田间种植管理成本,

---

① 张翠娥、万江红:《传统与现代之间:农民专业合作社的发展困境》,《农村经济》2011 年第 9 期。

要卖到 0.7 元/斤才能保住本钱，不然就是亏本生意。为了规避经济损失，老鲍他们打算融资修建冷库，因为柚子如果放置时间太久表皮失去水分就不可能卖出好价钱。李村的合作社也采用了套种的方式规避一种作物种植可能带来的经济风险。现在，主要是在果树底下套种枸杞、梨树苗等果树苗圃，也有部分田地套种旱稻以保障来年的收成。

借着精准扶贫的东风，合作社产业的发展也有了一定的政策保障。产业扶贫是许多贫困地区开展精准扶贫工作的重要手段，也是行之有效的有力途径。目前，我国的产业扶贫模式主要有"公司＋农户""合作社＋农户""公司＋合作社＋农户"。许多地方将成立农业合作社作为提高农户收入和规避经济风险的重要手段。比如，青海化隆回族自治县扎巴镇是"公司＋农户"模式的典型代表；华腾民族服饰有限公司通过与村民签订产业发展协议，有效带动了当地村民脱贫致富；湖北省天门市横林镇采用"合作社＋农户"的模式发展稻田综合种养，稻虾连种、稻鳅共生成为该镇产业结构调整的一大亮点，为当地带来巨大的经济收益。"公司＋合作社＋农户"是目前运用更为广泛的模式，湖北、四川、贵州、黑龙江、山东等多省多地区均不同程度采用该种模式，并获得较好成效。随着产业扶贫的不断发展，以上3种基本模式在不断地创新演变。建构多元主体的良性互动关系，建立联结利益机制，是产业扶贫的发展模式和有力杠杆。[①] 李村就做到了这一点。在此基础上，李村还结合"公司＋合作社＋农户"的基本产业扶贫模式，根据该村实际进行大胆创新，成功探索出"2311+X"的产业扶贫新模式，即"公司＋专业合作社＋基地＋农民"的产业扶贫新模式，包括2个龙头企业、3个专业合作社、1个基地、1个村庄、多个产业。其中，龙头企业为支撑，专业合作社为指导，基地

---

① 郭耿轩：《武陵山连片贫困地区产业精准扶贫创新案例研究——以湖北恩施土家族苗族自治州为例》，《重庆科技学院学报》（社会科学版）2018 年第 5 期。

为生产。在此配合下，该村因地制宜发展多种特色蔬果种植、食肉养殖，公司、合作社、基地、农民的利益被极大程度地连接起来，共谋发展，共享利益，共同致富。

从对合作社发展的保障措施来看，金融扶贫是精准扶贫工作开展的又一重要途径。它指的是利用金融工具和金融手段，支持贫困人口发展生计，改善发展条件。这种模式有效地发挥了金融杠杆的作用，改变了传统单一的扶贫模式，将生活式扶贫转变为生产式扶贫，将救济式扶贫转变为资本式扶贫，将对外争取单一式扶贫转变为对外争取和自力更生共建式扶贫。有效的金融扶贫将为产业扶贫提供充足的资本，也会为村民提供投资资本，减少村民暂时性的资本投入，防止金融风险，增强村民脱贫信心和安全感。有效的金融扶贫管理对于金融扶贫工作的有效开展具有重大意义。李村也创新了金融资本管理模式，如将所得资金分为几大类，各类之间互不影响，不存在互调的情况，又相互整合。这样做有效地保障了各项工作开展拥有稳定的资金，而不必"拆东墙补西墙"，也提高了资金使用的灵活性。

李村在"2311+X"产业扶贫模式的基础上，探索了金融资金的使用模式，形成"3社+1司+1库+1卡+1平台"模式。所谓3社，即李村的3家合作社，以合作社的名义吸纳社会资本入股，极大地拓宽资本来源，又与农村商业银行进行"助宝贷"合作。与合作社具有合作关系的村民还可以在合作社申请贷款。如此一来，合作社成员的资本形成短期流动，村民的投资成本来源问题得到有力解决，资本的利用率大大提高。所谓1司，是指小额贷款公司。恩施自治州出台了扶贫小额信贷政策，提供"户借、户用、户还扶贫小额信贷模式""新型农业经营主体+建档立卡贫困户扶贫小额信贷模式"，专门解决村中小企业资金周转问题。所谓"1卡1库"，是指为农民办理信用卡和以家庭及个人为单位建立农村信用体系库，利用合理信用指标对农户进行信用等级测评后发放不同级别信用卡，农民凭卡可以在银行申请几万元无抵押贷款，为农民解决了高风险和高成本的银行融资难题，使农民获得必要的资金支持。所谓"1平台"，是指建立农村产权综合交易平台。在稳定土地承包关系的前提下，李村按照所有权、承包权、使用权"三权分离"原则对农村土地进行确权办证登记，不仅鼓励对宅基地、山林、耕地及其他可依法交易农村产权进行交易，还支持以农业生产要素量化折股入社分红。[①]

该模式有其独特性：一是强调"扶贫先扶智"的观念，突出发挥专业合作社的作用。在日常的产业生产发展过程中，专业合作社对当地村民的养殖、种植技术进行专门培训，不断提升村民的专业素养和技术水平，进一步增强他们的脱贫致富信心。二是拓展了农民获得收益的途径。公司、合作社、基地的存在，势必对土地提出需要，而该村大量青壮劳动力外出务工，有大面积土地无人有效耕种，村民可将多余土地流转给公司、合作社或者基地使用。这样既提高了土地利用效率，也让村民可以参与利润分红。三是增加了村民的就业。公司、合作社、基地势必需要大量的人力，而该村人口数量较大，村民可以选择在这些组织内工作，获得稳定的收入。该模式也可以吸引在外务工的村民返乡就业。

李村合作社的发展与精准扶贫虽然取得了一定的成效，但仍然面临多方面的困难。这可能是中国成千上万个乡村问题的缩影，但它也有言说的机会。

"目前，我们村的基础设施比较落后，要修建的道路比较多，要投入资金的地方还有很多，如村内垃圾桶、宣传牌建设等。其中，20%—30%的户籍人口都外出打工了，留在村里的都是老弱病残。对此，我们村建立了留守儿童之家和农家书屋。我们没有什么发展优势，就是人多地多，但是一个农户靠种植十几亩土地是难以维持其生活的。我们发展的几家合作社，的确在帮助农户脱贫方面起到了作

---

① 朱潜力、李华：《我国县域乡镇精准扶贫路径研究——基于湖北省恩施市龙凤镇的经验考察》，《南方农村》2018年第2期。

用。但村子发展的主要劣势是民风不淳朴,农户思想极其落后,这是多年以来形成的习惯。我们村的工作难得做,政策执行要花很多工夫,我们也不是执行的主体,没有执法权。比如我们反复要求村民不要乱烧秸秆,有的农户根本不听,只能反复教育。你要是让他交罚款,那是不可能的。他会什么事都不干,就跟着村干部一起吃、一起喝,最后只能不了了之。举个例子,我们村有5—6个低保的名额,但是递交上来的材料有几十份,很多家庭条件比较好的也来申请,村干部不给弄,就来扯皮。再如,我们有100多个精准扶贫户,但是每年提交上来的材料有几百份,都不好弄。国家说2020年前要实现贫困户全部脱贫的任务,那些丧失劳动力的家庭、因病致贫的家庭是没法脱贫的,最后只能政策兜底。再说个例子,我们村搞土地流转,本来是比较好的事,承诺给村民每亩地一年500元,但是有的农民不配合工作,漫天要价,他们拿村里国道修建的补偿标准要求村委给他们同样的钱,国道两边的拆迁土地是按照8元/平方米的价格来补偿农户,认为土地流转按亩计算是不划算的。我们村委本身就没有什么经济收入,他们这种不合理的要求,导致土地流转工作很难进一步开展……"

村主任访谈完匆匆地离开村委大楼,奔向下一场会议。他显现出了作为领导的能力与风范,听其谈基层干部与农民打交道的各种事情,幽默中夹杂着无奈。作为旁观者,在与他的交谈中,笔者感受到了农村基层干部的无奈与辛苦,也感受到了当今乡村内部事务的繁杂与矛盾。那里有着20世纪留下来的淳朴的农民,也有着当下流行的"刁民"。在一群拥有两面特性的农民中,该如何厘清各种关系,顺利地推行当下的政策,这是一个艰巨的任务,完全交给农村基层干部,对他们而言有点儿困难。乡村的振兴和发展,每个人都有责任,但是我们该选择怎样的方式去实现?美丽乡村落到实处,还是得依靠一群在乡间奔波的基层干部去做工作。基层组织建设与发展好农村经济,需要我们共同努力。

李村山水相依,气候宜人,四桥相映,峡谷探幽,白崖峭壁,野林猿啼，是难得的山水田园幽静胜地。合作社的发展已经开始带动村民脱贫，但脱贫的道路一定是多元化的。实践中的农业合作社往往与合作社原则出现一定程度的背离。① 为了对抗合作社经营中可能出现的经济损失与风险，也需要拓展产业发展空间。目前，李村联结个人或企业发展乡村休闲，进行农家乐休闲区建设，已投资5万元。在恩施自治州以及所在乡镇的支持下，李村大力引进社会资本开发旅游资源。由于李村现阶段扶贫重点仍体现在对该村产业、基础设施、村政管理扶贫等方面强基固本，该村旅游业首先立足于开发河流美景。李村拥有18千米清江河支流，河流曲折，水深宽广，极其适合发展水上旅游项目。李村引进了恩施市房地产、旅游业巨头集团，2018年，其水上运动公园项目已经启动。该项目对发展李村优质旅游资源、促进地方增收、带动贫困户脱贫、巩固脱贫成效将起到重要的积极作用。

农村合作社的发展已经表现出强大的生命力，但还处在探索阶段。从未来的发展看，合作社的功能远远不只在合作社经营和农户经济利益实现方面，不仅对农业产业链条的延伸和农业资源整合产生重要影响，也会对整个社会结构产生影响。如合作社的精英治理可能导致乡镇以及村的经济职能转移到合作社，村委会与合作社的关系需要厘清，乡镇与合作社的关系等需要重新定位。② 正如有研究所言，从合作社发展现实来看，重要的不是马上严格规范，而是给合作社以宽松的发展环境，在实践中摸索标准，边发展边规范。③

---

① 万江红、管珊、钟涨宝：《农民专业合作社"规范困境"现象探析——来自湖北T合作社的个案》，《西北农林科技大学学报》（社会科学版）2014年第6期。
② 朱启臻：《农民专业合作社的发展方向——关于黑龙江讷河农民专业合作社联合社的调查》，《农业技术与装备》2013年第13期。
③ 刘老石：《合作社实践与本土评价标准》，《开放时代》2010年第12期。

第三章　股份合作与"农民老板"

2016年12月26日,中共中央、国务院发布《关于稳步推进农村集体产权制度改革的意见》,对于创新农村集体经济运行机制、增加农民财产性收入具有重大意义。它要求各省力争用三年左右时间基本完成集体资产清产核资,五年左右时间基本完成经营性资产股份合作制改革。其实,早在20世纪八九十年代,出于工业发展成规模用地的需要,沿海地区已经纷纷成立股份合作社,并于21世纪初实施股份合作制改革。在股份合作制推行之初,政府仅承担指导责任,并不干涉农村经济社和经联社这两级产权主体在资产处置上的自主权;股东资格认定、股份配置和调整等村内财产关系安排,主要由拥有集体资产所有权的村社自主决定;在此基础上形成群众、村级组织和基层政府三方"在地化"分享集体资产收益的稳定结构,据以形成有效治理。当时无论是在成员之间还是村、社两级之间,股权矛盾确实较少。

农村土地股份合作制是我国近年来出现的一种新型的土地流转制度。这种制度的适用及其推广迅速引起学界的关注,在对全国整体研究的同时也将个别城市作为具体的研究对象进行调查和研究。股份合作组织一般比农业合作社规模大,因为它引入了农业企业,可能由多个合作社组成,通常是政府或村集体牵头组织。一般认为,农村土地股份合作制是以农村土地入股为主要内容的股份合作制,它是将农户的承包土地或集体所有的用地，联合资金、设备、技术等其他生产要素量化入股，入股土地或其他生产要素的具体经营由组建的股份合作组织统一进行企业化经营，所得利润进行必要扣除后按股分红，由此建立起一种利益共享、风险共担的股份合作制度。① 相对于其他土地流转后的农业经营形式，股份合作组织因联合了农户、合作社、村集体、农业企业，形成了多主体共同分担风险的经营模式，其抗风险能力更强，是一种提高劳动生产率和农村生产力的经济组织形式。② 农用地股份合作制也是农用地为主体的新型农村土地制度。③ 农村土地股份合作制，实行按劳分配与按资分配相结合，以按劳分配为主，是股东当家与民主管理相结合。④ 在制度安排上，它将土地的承包形态由实物转化为价值；在运行上，采用近似现代企业的制度框架；在收益分配上，实行按股份分红，风险共同承担；在作用上，实现土地流转长期化、规范化、普遍化。⑤ 故而，农村土地股份合作制具有产权明晰化的特征，是规模化经营的重要形式，实现土地的"三权"分离。⑥

我国土地股份合作制本身及产生条件的多样性、复杂性和我国农村土地制度的特殊性，是促使我国产生不同种类土地股份合作制的主要原因。⑦ 农村集体经济组织自身原因、农业科技水平的发展及农村

---

① 杨桂云：《规范与完善农村土地股份合作制流转模式研究》，博士学位论文，中南大学，2011年。
② 苏小艳：《农户参与土地股份合作制意愿的影响因素研究——基于孝感市三汊镇的调查》，硕士学位论文，华中农业大学，2013年。
③ 邢芳凝：《农用地股份合作制改革与收益分配研究》，硕士学位论文，中国地质大学，2017年。
④ 樊小红：《农户参加土地股份合作制的影响因素研究——基于成都市的调查》，硕士学位论文，四川农业大学，2009年。
⑤ 刘爽、刘军、刘玉锁：《河北省农村土地流转制度的创新探讨——基于鹿泉市铜冶镇土地股份合作制的调查》，《农业经济》2012年第5期。
⑥ 苏小艳：《农户参与土地股份合作制意愿的影响因素研究——基于孝感市三汊镇的调查》，硕士学位论文，华中农业大学，2013年。
⑦ 唐浩、曾福生：《农村土地股份合作制研究述评》，《江西农业大学学报》（社会科学版）2009年第1期。

劳动力的转移、农地零碎化现象严重以及政策诱因，都是导致农村集体经济组织股份合作制改革的因素。① 主要来看，农村土地股份合作制流转的成因，一是外部利润或潜在利润的出现，二是外部利润或潜在利润内在化的困难，三是初级行动团体和次级行动团体的积极参与。② 高额地价带来的巨大经济利益形成各乡村集体和农民资产的潜在获利机会和"外部利润"。规模经济不仅具有成本优势，并且交易的费用和风险也相对降低。③ 就现阶段来看，我国农村土地股份合作制取得了一定的成效，不仅实现了产权制度的创新，促进土地使用权流转机制不断完善，而且促进了农业生产条件的改善和就业分化机制的建立。④ 有研究认为，农村土地股份合作制促进了土地流转和规模经营，实现农地资源的优化配置；有利于实现农民与市场的对接，分享农业产业化过程中的增值收益，提高农业生产率和农民收入；保护了农民的土地资产权益，实现了农地生产功能和社会保障功能的分离，促进农村劳动力转移。⑤ 在所有土地流转模式中，股份合作制中的经济社会综合绩效指数最高，为223.14%，其他依次为拍卖模式、抵押模式、季节性转包模式、信托模式、反租倒包模式、租赁模式、转包模式、置换模式、退包模式，其经济社会综合绩效指数分别为92.9%、83.9%、75.55%、70.4%、41.5%、40.8%、33%、18%、14%。⑥

---

① 尹广乐、张志伟、李成英等：《我国农村集体经济组织股份合作制改革研究》，《农业经济》2014年第9期。
② 杨桂云：《规范与完善农村土地股份合作制流转模式研究》，博士学位论文，中南大学，2011年。
③ 刘爽、刘军、刘玉锁：《河北省农村土地流转制度的创新探讨——基于鹿泉市铜冶镇土地股份合作制的调查》，《农业经济》2012年第5期。
④ 黄祖辉、傅夏仙：《农地股份合作制：土地使用权流转中的制度创新》，《浙江社会科学》2001年第5期。
⑤ 唐浩、曾福生：《农村土地股份合作制研究述评》，《江西农业大学学报》（社会科学版）2009年第1期。
⑥ 杨桂云：《规范与完善农村土地股份合作制流转模式研究》，博士学位论文，中南大学，2011年。

目前，我国农村土地股份合作制主要存在经济效益、适用范围、社会保障三大问题。[①] 例如，经济效率低下，集体资产产权主体不明，土地产权残缺，建立土地股份合作制操作不当，内部合约与管理机制不完善，缺乏法律以及外部政策保障等。[②] 农地产权制度不完善，影响农地股权的稳定性；区域发展不平衡，影响农地股份合作发展。[③] 因此，建立适应市场经济的土地产权制度，即明确股东权益及其行使并清楚界定农地所有权、承包经营权、农地使用权，建立灵活稳定的产权流转机制和灵活的经营机制，强化和稳定农户的土地承包关系，都是非常有必要的。[④] 明确农村经济合作组织的法律性质，完善法律及相关政策；正确定位政府职能；建立合理管理制度，完善内部治理；采取多种形式发展合作组织，进行制度创新，也是降低农村土地股份合作制风险的有效举措。[⑤]

作为土地流转后形成的主要农业经营模式，农村土地股份合作制是土地使用权流转的制度创新。不同于传统的土地流转方式，它有助于土地实物形态与价值形态的分离，是实现土地资源有效流转和合理配置的有效方式。农村土地股份合作制在我国仍是新生事物，实践中面临许多亟待解决的关键问题。本书重点关注引入农村土地股份合作制以后企业以及农村家庭面临的社会风险状况：引入初期，二者面临着哪些社会风险；引入之后，二者原有的社会风险发生了什么变化；

[①] 陆晔：《农村土地股份合作流转模式探析——以浙江省海盐县武原镇为例》，《昆明冶金高等专科学校学报》2009年第6期。

[②] 黄祖辉、傅夏仙：《农地股份合作制：土地使用权流转中的制度创新》，《浙江社会科学》2001年第5期；唐浩、曾福生：《农村土地股份合作制研究述评》，《江西农业大学学报》（社会科学版）2009年第1期。

[③] 金丽馥、李章垠、黄佰行：《健全农村土地股份合作制的探索——以扬州市江都区为例》，《江苏农业科学》2013年第41期。

[④] 黄祖辉、傅夏仙：《农地股份合作制：土地使用权流转中的制度创新》，《浙江社会科学》2001年第5期。

[⑤] 陆晔：《农村土地股份合作流转模式探析——以浙江省海盐县武原镇为例》，《昆明冶金高等专科学校学报》2009年第6期；唐浩、曾福生：《农村土地股份合作制研究述评》，《江西农业大学学报》（社会科学版）2009年第1期。

引入过程中,如何通过社会保障体系降低二者面临的社会风险。笔者主要通过对太坪镇、三关镇以及纪山镇的农村土地股份合作制进行田野调查,具体分析其引入后带来的社会风险以及社会保障机制建设问题。

笔者于 2015 年 6—8 月在太坪镇进行田野调查,于 2015 年 11 月在三关镇进行为期一个月的实地调查。之所以选择这两个地方做调查,是因为该地的股份合作组织发展比较成熟。通过典型抽样调查的方法,对太坪镇和三关镇的部分农村居民进行问卷调查,辅以实地访谈。共对三关镇和太坪镇的农村家庭各发出 100 份问卷,其中三关镇回收有效问卷 94 份,太坪镇回收有效问卷 97 份,有效回收率为 95.5%,通过对发生土地流转农村家庭的问卷调查,对比描述土地流转前后农村家庭的社会风险状况。问卷调查的同时进行实地访谈,主要目的是辅助分析问卷调查结论,对问卷调查的有效性起到一定的检查作用,同时了解到问卷上不能体现的问题。后期于 2019 年 7 月在纪山镇进行了为期一个月的实地调查,选择该镇是了解到这里是湖北 J 地区比较有代表性的全村土地全流转后成立农业股份合作企业的案例。对纪山镇土地流转后的农村家庭与股份企业经营者主要采取深度访谈的方式,深入了解当地的土地流转状况,为本书研究内容提供补充资料,以便准确描述出土地流转前后农村家庭社会风险状况的变化情况。

第一节 土地流转的动因与"农民老板"的形成

一 太坪镇的烟草公司与"农民老板"

太坪镇属 E 市 B 县的一个山区特色农产品大镇,全镇 41000 多人,国土面积 274 平方千米,耕地 5.3 万亩,平均海拔 1000 米,是个典型的山区小镇。镇党委、政府把镇域经济发展方向定位于特色农业经济，致力于打造 E 市特色农业经济强镇。太坪镇有"古银杏群落之乡"的美称，生长着 220 棵千年以上的古银杏树，多年来按"建银杏大镇，兴支柱产业"的思路，大力发展银杏，现共发展银杏 400 多万株。加之近年来 E 市大力发展特色烟叶种植，B 县计划种植 43000 亩。太坪镇响应号召，也大力支持农民大面积种植烟叶，往年主推白肋烟，如今主推烤烟。在发展特色农业的过程中，按照市场规律，小面积种植很难获得可观的利润，所以经过各方的利益较量，在农民内部产生规模性的土地自发流转。土地流转的农村家庭较多，是本书的理想研究地点之一。

在政府主导大规模土地流转之前，当地农民基本上不太认可土地流转，流转的农户非常少。主要有以下几个原因：第一，缺乏土地流入者，没有人愿意接收别人的土地。因为当地土地不集中，大规模机械化作业不现实，土地集中起来以后，单个农民耕种有一定的困难，必须雇工帮种，但这是极其不划算的事。当地农民老张给我们举了个简单的例子：一亩地一季平均收入 1000 元，这样的收成已经是非常好的。一个人最多可以耕种 3 亩地，如果租种 50 亩地，需要 17 个人耕种，每个人一季的工费假设是 1500 元，人工费合计 22500 元，除去肥料、种子费用，一季顶多能收入 2 万元，一年两季，收成 4 万—5 万元，但是出去打工半年就可以挣到这个数，还不用这么操心。第二，缺乏土地转出者，没有人愿意把土地流转出去。虽然农村的大部分剩余劳动力都外出务工，但是家里会留下妻子或者老人，原本不多的地完全可以由农村的剩余劳动力耕种，在有一定收入的情况下实现物质上的自给自足。加上土地租金不高，实在是没有利润，且流转程序缺乏统一管理。农民天生具有小农思想，害怕自己的土地肥力被别人越种越差，甚至由于某些不合法的流转形式失去土地或者和别人产生矛盾，所以干脆不流转土地。第三，当地农村经济发展水平偏低，农民普遍依赖土地，在经济上没有完全脱离土地的可能性。虽然家家户户的主要劳动力在外打工，但是收入主要用于小孩的教育、老人的养老、家庭的正常开支，基本没有结余，家庭的主要物质生活还是靠土地里产出的东西维持。自给自足的生活方式在这里并没有被打破，基本上每个农民都害怕失去土地后不能保障自己的基本生活，肉食品和蔬菜食品没有来源。所以在2005年之前，土地流转非常少，偶尔也出现在亲戚之间，不足以形成典型的研究情况。

太坪镇的土地流转大约从2005年之后开始，在2014年年末得以快速发展。这里的土地流转动因不是商业性的，而是农业性的，主要是政府倡导农民发展特色农业，提供支持帮扶性政策，引导农民发展银杏树种植、魔芋种植及烟叶种植等特色农业，从而引发农民内部自发的土地流转。[1]

土地流转过程中，政府的正确引导解决了没有土地流入者面临的问题。前文介绍过，这里之前没有发生过土地流转，最大的原因就是没有土地流入者。政府帮助培训银杏种植管理技术、搭桥销售相关产品，让农民"算账"后能明显感受到有赚头。所以，为了追求利益扩大化，一部分农民在自家的土地不够时选择租用别人的土地，土地流入者就产生了。土地转出者的思想观念也开始转变，这其中的原因和三关镇农民思想转变过程中的两个原因是大致相同的。第一个是因为越来越多的农村家庭选择外出务工，家中土地荒芜现象越来越严重，很多土地资源是被浪费掉的。在一些土地流转"领头羊"的带领下，大家纷纷都把闲置的土地流转给别人，换取一定的租金，总比白白荒废好。第二个原因是政府做"中介"，老百姓信任，认为自己的土地是安全的。但是这种土地流转没有在全镇大规模推广，银杏种植只在交通较为方便的几个村宣传推广，没有在比较偏僻的村宣传。这个镇的大部分村落在2010年之前交通是极为不便的，直至2010年之后，大部分的村级道路才逐步被加宽硬化，2015年年底，大部分村的道路

---

[1] 田俊洲：《土地流转后农村家庭的社会风险状况研究》，学士学位论文，长江大学，2015年。

被加宽硬化。

2014年年底,太坪镇又响应上级号召,大力发展烤烟。此时,村级公路交通是比较方便的,加上烟草公司在当地为农民修建了很多水利设施,帮助修建了烟棚、烤烟房,进行种子补助、肥料补助等,吸引了大量的烟叶种植户。在这之前,政府和烟草公司一直在发展烟叶种植,基本上是以家庭为单位,虽然总体种植面积大,但是各家各户种植面积很小,农户没有获得理想的收益。这次烟草公司给出了各种补助,吸引了农户继续种植。在政府的建议下,烟叶种植户开始大规模承租别人的土地,发展规模化种植。因为技术的发展,适合山田的小型机械越来越多,越来越适用,所以规模化种植在人工成本方面也可以控制。在这一阶段,农村家庭基本上不存在不愿意土地流转的情况,只要价格合适,都愿意把土地出租一大部分,释放更多的劳动力,从事别的工作,以获得更多的收入。流入土地较多的种植大户开始与烟草公司合作,成为"农民老板"。

二 三关镇的白酒酿造业

三关镇是湖北省小城镇综合改革试点镇,是大西南的陆路"咽喉"、E市的东大门、B县的重要物资集散地。集镇所在地海拔1100米,全镇面积530.9平方千米,耕地88199亩,山林61.9万亩,下辖76个村(居)委会,673个村(居)民小组,19408户,人口总计65958人,其中农业户17288户,农业人口61448人。三关镇正好位于318国道经济带、巴鹤公路经济带和椰水公路经济带的金三角地区。已建成的沪蓉西高速公路、宜万铁路和忠武天然气管道分别经过集镇规划区。沪蓉西高速公路在镇内设有服务区和出入口,宜万铁路设有县级火车站,"忠武"天然气管道留有两座阀门。随着长阳招徕河电站的截留建成,镇域东南方向的物资可以通过航运,由清江出口,也是一条旅游黄金线。以国家经济布局战略性西移和三峡工程建设为契机,三关镇紧抓一系列政策机遇,促进经济结构调整,并享受到了西部大开发、三峡库区、少数民族、老区等优惠政策。国家从工程配套建设及整体生产力发展布局出发，对市场潜力较大的项目形成良好的投资口径。基于此，通过市场桥梁杠杆作用，三关镇以区域开发性投资为主题的投资机遇逐步显现。三关镇被列为B县"四极四带"经济区域布局的重点镇，有着中国的"达沃斯"之称。传统的农业状况将迅速实现产业置换，大规模的商业开发也需要用到大量的土地，必然要求大规模的商业性土地流转。所以，这里大规模的商业性土地流转情况很多，多以政府主导，并产生了大量的土地流转后的农村家庭。

三关镇的土地流转大约发生在2005年，大规模的土地流转发生在2007—2008年以后。土地流转大多集中发生在集镇附近，被政府征用，用于公共基础设施建设，或者农业产业开发。尽管征地不属于严格意义上的土地流转，但它与土地流转的共性在于都会改变农户与土地的关系。

土地流转之所以从2005年开始，主要是因为沪蓉西高速公路和宜万铁路的建设，避免不了要各种征地。这直接促进了土地流转，也潜在地助力土地流转的大规模发生。沪蓉西高速公路和宜万铁路的建设，明显地提升了当地的经济发展水平，直接带动了当地经济的腾飞。在两路建设以前，当地没有技术含量的苦力活工价顶多20元，但是高速公路建设工地上的工价一开始就是80元（当然，铁路建设的工资不太清楚，因为很少用到当地民工，所以实地访谈中没有人能给出准确数据）。而且，这是最低计时工资标准，很多工作以多劳多得的"包工程形式"出现。许多农民的工价一下子以几倍甚至十多倍的速度翻了一番，农民手里的钱一下子变多了，生活水平上升的同时，发展其他生产关系的能力一下子也提升了许多，这就为土地流转提供了可能性。政府也很好地抓住了这个机遇。沪蓉西高速公路和宜万铁路这两条国家级的大动脉都在三关镇设有车站，这给三关镇带来的交通优势资源，甚至是许多二、三线城市没有的。三关镇政府很好地利用这一交通优势,大力招商引资,发展本地特色龙头产业——白酒酿造业,先后成功引进药品制造、玩具生产、食品加工制造等企业。这中间,政府以市场价补助的方式集中土地:一是建设公共基础设施,如公路、水电设施等,这是招商引资的前提;二是租给企业建设产房、办公等场地。

这仅仅是土地流转的开始。政府部门为了发展白酒酿造业,全力配合制酒企业,集中流转农民的土地,一方面用于成立股份合作组织种植酿酒所需的粮食,另一方面流转征收一部分土地用于扩建产房。这时候,土地流转飞速推进。许多农民从原来的不愿意转让土地,到现在希望自己的土地被征用,观念转变翻天覆地。其中,农民观念转变的原因是复杂的,主要从企业老板、政府、当地老百姓三方面介绍。

第一,企业老板与政府合作征用土地,补偿费用较高,超出许多农民的想象,甚至超出大多数农民一辈子的收入,而且是一次性补助,所以他们愿意用土地交换这种爆发式的收入。征地补偿标准大致如下:耕地中,旱田平均每亩补偿5.3万元,水田平均每亩补偿9万元,菜田平均每亩补偿15万元;基本农田旱田平均每亩补偿5.8万元,水田平均每亩补偿9.9万元,菜田平均每亩补偿15.6万元;林地及其他农用地平均每亩补偿13.8万元;工矿建设用地、村民住宅、道路等集体建设用地平均每亩补偿13.6万元;空闲地、荒山、荒地、荒滩、荒沟和未利用地平均每亩补偿2.1万元。三关镇是出名的山村小镇,树木花草等植物特别多,如果征地范围内有这些东西,也是要补偿的,而且补偿费很高。还有很多其他的补助项目,这里不一一赘述。总结起来,这些补助在当地农民的世界里,是根本不可能变成钱的,更不用说有这么多钱。所以,他们都有一种"侥幸心理",觉得土地流转给自己带来了前所未有的财富,很多土地没有被征用的农民就很希望自己的土地也能够被征用。

第二,整个土地流转是由政府做"中介",承担着主导衔接的作用,这是当地老百姓最能接受的方式。一方面,这是当地老百姓认为最安全的方式,以政府主导的方式推进,将以前土地流转中老百姓担心的各种不安全因素都排除了;另一方面,政府有着心理上的"强制性"作用,许多老百姓以为这是必须服从的"大政策",所以不会有太大的阻力。当地政府在推动土地流转的过程中,扮演着推动者、监督者、协调者等重要角色,没有出现过强制执行、对群众采取威胁或恐吓甚至暴力等非正常的手段,坚持农户自愿的原则,并经过乡级土地管理部门备案,签订流转合同。另外,政府也巧妙地运用了许多额外的补助手段。举个简单的例子,政府和某村的整个组的农户签订了土地流转合同,同时承诺加宽硬化当地的公路,架设路灯,铺设有线电视网络和光纤光缆等公共设施,为当地剩余劳动力提供就业指导和培训等。这一系列的"诱人条件",加上原本提供的补偿措施,让许多农户在土地流转上根本不会有疑问。在对农户承诺的同时,政府还对企业和农业企业做出承诺,为企业提供必需的基础公共设施,修建道路,解决企业员工的一系列社会问题,如子女受教育问题等。政府的这些举措收到一举三得的效果,既满足了农户的需求,又成功地吸引了企业落地,还完成了当地公共建设、教育建设等政府的本职工作,最重要的是成功地利用了交通运输便利的资源,发展了当地经济,提高了人民的生活水平。在这些举措下,当地的土地流转自然能够顺利进行,老百姓基本上不会和企业包括政府发生任何的矛盾。当然,凡事不绝对,也有例外的情况,但那仅是极少数农户本身的问题,总是觉得自己获得的补偿相对别人是不公平的,但基本都得到了妥善的解决,没有演变为更大的冲突。

第三,随着经济的飞速发展,当地土地流转领头人率先尝到甜头,转变了农户根深蒂固的农业思想。他们敢于脱离土地,并愿意脱离土地,甚至渴望脱离土地。从导致他们改变的外因来看,就是"领头人"的作用。"领头人"是大规模土地流转发生以前家庭生产关系复杂的那些人,数量通常不多,他们在新事物出现以后能够迅速地接受。当政府主导的土地流转是合理的并对农民有益时，这群领头人能迅速地分辨并支持这一行为。直接结果是，他们在大规模的土地流转中获得了普通村民所羡慕的利益。普通村民在领头人的带领下，拥有了将土地流转出去的榜样和先例，拥有了可供参考和对照的对象，这让他们对自己土地流转后的情况有了大致了解。

从导致他们改变的内因来看，是经济发展迫使他们从内部做出改变，可以说是经济发展为他们转变观念提供了前提条件。普通村民之所以能够转变观念，其实是迫于周围形势的转变。举个简单的例子，小柳家中三口人，夫妻俩和4岁大的女儿。小柳才成家5年，但是和父母已经分家，拥有自己的耕地和山林，在农村也有自己的房子。小柳初中毕业之后就去浙江打工，除了过年回家一趟，其他时间基本不会回家。小柳的爱人也是在工厂里认识的，祖籍贵州，虽然结婚后户口仍然在小柳的原籍，但是两个人已经把工厂当作自己的第一个家，基本上没有回过农村。家中的田地、山林一直是父母在管理，但是父母年事已高，就把一部分田地荒芜着。小柳出门在外，接受的新鲜事物较多，所以很想把自己的土地流转出去，免得资源浪费。类似现象在当地有很多，出现了很多荒芜的田地。这使得农民希望将土地流转出去。内外因结合，农民就很容易按照政府的政策和商业化的土地流转趋势，将土地流转出去，释放出更多的劳动力，从事非农事业，获取更多的收入。

当酿酒产业发展起来之后，流转土地的农户一部分在酿酒厂或者外地打工，另一部分在集中的田地做雇工，每个月除了打工的收入之外，年底还会根据酿酒企业的收益按当初入股的田地分红，算是小型的农民老板。

三 纪山镇观光休闲农业企业的形成

纪山镇位于沙洋县西南部、J市最南端，交通非常方便，207国道、荆沙铁路和襄荆高速公路横贯全境，借助武汉、宜昌、沙市等地的区位优势，构成强大的水、陆、空立体交通网，四通八达，是J市连南拓西的窗口。全镇面积100.53平方千米，耕地面积2788.33公顷，其中水田2596.53公顷，旱田191.8公顷，水域面积1200公顷，林地面积586.67公顷，下辖12个村、1个社区居委会，总人口29017人（2017年），集镇规划区面积1.5平方千米，建成面积1.2平方千米。2010年，纪山镇成功跨入全省百强乡镇行列；2011年，被评为"全省发展壮大村集体经济先进乡镇"，纪山工业集中区被纳入全市工业经济发展"一核六片十五园"和"一主两翼"规划；2015年，被评为省级"森林城镇"。镇委、镇政府为了改善纪山镇发展状况，于2015年招商引进一家由重庆、贵州和本地客商组成的股份有限公司——水云山公司。2016年1月，与镇人民政府签订了《项目投资意向协议书》和《补充协议》，发展万亩观光休闲农业，打造全年有花、四季采果，集餐饮、住宿、娱乐、旅游、导购于一体的现代观光农业综合体，从而产生了土地按户连片整村流转。因此，出现了大量的土地流转后的农村家庭。

纪山镇大规模的土地流转始于2012年，主要由政府主导、水云山公司具体运作。一方面，随着纪山镇青壮年劳动力大量外出，很多土地空置、闲置甚至荒废；另一方面，由于水稻经济效益太低，从20世纪80年代起，很多农村家庭开始改种经济作物——苗木，大量水田被改造为旱田，用于种植经济价值高的苗木，如景观树木、植物或者果树。纪山镇大部分农村家庭是依靠苗木的种植与贩卖来维持生计。

经过几十年的发展，纪山镇的苗木产业发展已经卓有成效，国道以西基本上以苗木产业为主，国道往东也开始慢慢发展苗木，全镇整体产值以及农民家庭经济水平也因此上升。然而，仅靠苗木产业来促进纪山镇的整体发展，解决纪山镇仍然存在的大量贫困人口是不可行的。随着苗木产业的趋于稳定，要想更进一步提升纪山镇整体经济水平也不太容易。为了解决贫困问题，同时将处于J市第二梯队的纪山镇打造为该市的顶尖乡镇，纪山镇人民政府引进了水云山公司。一开始，由于与周边市区接壤，受城市拆迁的影响，纪山镇承接了一些被周边市区"赶出来"的工业园区企业，其工业因此得到发展，但总的来说还处于追赶状态。另外，由于纪山镇与楚文化息息相关，拥有大的楚墓群，所以想要发展旅游文化。然而，旅游开发的投资太大，再加上当时开发商出现问题，最终楚文化城的建设被搁置了。为了将纪山镇升级打造成国家级特色小镇，政府引入农业企业，共同合作拿出湖北纪山楚文化生态特色小镇概念性总规方案。为此，纪山镇开始进行大规模的土地流转。总体上说，纪山镇的土地流转比较顺利。

（一）土地按户连片整村流转，农民家家户户增收

很多农村家庭的土地因为无人耕种而闲置、空置，并不是他们不想将土地通过租用的方式租给有劳动力的家庭，而是因为纪山镇大力发展苗木，苗木的经济效益又明显高于水稻，故有劳动力的家庭都情愿种植苗木而不愿意种植水稻。但如果种植苗木，一方面苗木周期比较长，另一方面水田被改种苗木，回收也不好处理。土地租赁价格也很低，偏僻的地方一年才200多元，国道以西也基本上是一平方米一元，一亩地大概700元，所以干脆将田地闲置。对农户的访谈也证实了这一点。

"我们这边的流转费用比较低，现在靠里面一点的大概是一年每亩200元，但是国道以西的是一平方米一块，一亩地大概就是700元，便宜点的话也至少要五百元。"（村民老王—男—50岁）

原本土地闲置且无法通过租赁的方式流转，获取经济效益，现在突然得知自己闲置的土地可以一次性转换为大量的金钱，很多农村家庭是非常乐意的。2016年1月，水云山公司与镇委、镇政府签订了投资合同，与郭店村及村民签订了按户连片整村土地流转合同，农户在册面积+迁村腾地面积共计9656亩，每亩土地流转费1000元，让郭店村农民成居民，腾出60岁以下青壮劳动力全部到纪山镇规模企业上班，60岁以上劳动力依然长期返聘在水云山务工。项目产业带动全

村每个农户经济收入增长5万—6万元。

(二) 充分考虑农民土地流转后的安置问题,解决后顾之忧

为了实现农户全搬迁、农村变社区、农民变居民目标,水云山公司联合飞和公司于2012年分三期启动新农村建设,现已建成居民楼450套76500平方米,已入住450户,其中本村农户430户,外村13户,J市7户。配套基础设施建设、绿化、广场、污水处理等,现已投资1.2亿元,目前仍有本地和外地近200户申请到郭店新农村购房入住。并且,安置房屋仍然在不断建设中,以满足农村居民的需求。同时,解决了农民全就业问题。水云山公司目前建设完成1000亩的优质品种采摘基地,有桃、梨、李、杏、枣、樱桃、车厘子、桑葚、甜柿、柚子、葡萄、杨梅等,每个品种都是分时段产出的多品种,做到四季有果采。2016年4月底,投资1200万元初步完成300亩薰衣草花海及婚纱摄影基地建设,打造全省乃至华中地区最大室内外婚纱摄影基地、婚庆广场。同时,启动餐饮服务配套设施建设及旅游接待区建设,并且计划建立游客服务中心、接待中心、多功能休闲园区(包含餐饮、观光、垂钓、休闲、游乐、采摘)、户外婚纱摄影和婚庆产业链、园区造景绿化、楚简历史文化公园等。建设园区绿色蔬菜、瓜果采摘大棚500亩,充分利用自身种植、养殖的产品优势,建成果酒、罐头、饮片、饮料及土特产品加工厂。

由于园区内的建设需要大量的劳动力,土地流转后的农民可以到园区工作,并且园区工资能够保证一年2万元以上。下面的访谈可以证实这一点。

"然后农民全就业,这个村有七八个食品厂,想去食品厂上班就去食品厂上班,年纪大一点的,就到园区做长工,就是管理人员。我们这里共有5000亩的绿化面积,他们在园区里面要除草、打药、做农活,就属于长工。所以,现在这个农村应该没有拖国家贫困户的后腿,我们每家每户都能脱贫。国家规定每年收入两万块钱就脱贫了,我们园区长工一年的工资是两万七八。他在厂里上班的话,一个月的

工资也是两三千块钱,一年下来也收入几万块钱。"(股份企业合作人老余—男—38岁)

水云山公司还计划兴建医养结合养老地产,规划占地1000亩,推动社区养老与居家养老相结合的养老模式,形成集中养老与分散养老并存的养老格局,缓解老龄人口增长带来的社会压力。规划投资商住地产开发项目,为纪山镇升级特色小镇提前布局,吸引更多投资和有实力的外来人口落户纪山镇,同时实现本地农村人口城镇化,带动地方经济快速发展。

(三)与太坪镇和三关镇一样政府主导给予农民土地流转的信心

土地流转过程中,水云山公司在与农民交涉、签合同时,都由纪山镇政府人员陪同。一方面,政府人员陪同增强了农民对水云山公司的信任感。很多农民不太懂合同的事情,也不太相信农业企业家,因此,由熟悉的政府人员出面解释说明,能够显著增强农民的安全感,提升土地流转的概率。另一方面,政府人员陪同也强化了农民服从权威的心理,产生"既然已经是国家确定要做的事情,合作一点说不定还能多捞好处,负隅顽抗最后可能仍然要签字,还落不到什么好处"的想法。政府工作人员还可以打人情牌。实际上,在纪山镇土地流转中,还是有不少农村家庭不太愿意流转,因为一次性收入并不是特别多,对于土地流转之后到公司打工没有心理准备。而且,水云山公司的项目必须是连片的土地才能进行,这就使得如果恰好中间某户人家不愿意,整个项目都启动不了。这时候,水云山工作人员的人情牌明显没有政府工作人员的有效,毕竟大家都是一个镇的,相互认识,比较容易说话。大多数一开始并不情愿流转土地的农民,最后都是被政府工作人员隔三岔五地上门打人情牌说服的。相反,如果是水云山工作人员上门,农民一般会直接拒之门外。

目前,纪山镇郭店村已经实现土地全流转,仍以农业发展为主。结合已有优势,纪山镇镇委、镇政府最终与水云山公司将目标定位为打造全年有花、四季采果,集餐饮、住宿、娱乐、旅游、导购于一体的现代观光农业综合体,促进一、二、三产业融合发展,园区农产品及深加工的商品营销,园区旅游服务项目的推介,实现"互联网+"的运作模式。大部分村民在该公司上班,每个月都有固定的收入,将个人生活逐步与公司发展联系到一起。

第二节 老板与农民的风险分化

农村土地股份合作制模式的土地流转,无论是企业还是农村家庭都会面临一定的风险。笔者通过分析调查和访谈结果,结合社会风险相关理论,认为股份合作主要存在以下社会风险。

一 股份合作企业的风险

(一)经济风险

在农村土地股份合作制中,农业股份企业面临的主要风险之一就是经济风险。该风险主要是因为企业初期需要投入的资金非常大,而且在短期内很难收到回报。一旦土地流转发生变数,遭到农民的层层阻拦和抵制,时间成本会不断拉长、增加,导致企业入不敷出。更有甚者,如果最终不能实现符合要求的土地流转,拿不到足够的土地进行项目建设,项目很有可能"流产",竹篮打水一场空。

"风险可能就是资金的风险,前期资金投入非常大,我们从2015年到现在已经投了一个多亿,因为首先你没有地方搬,但是可以过来自己开发,其实开发的这一片以前都是农民的房子。我们要把农民的房子拆掉,建立新农村,对此村民有很多的不理解,他说自己祖祖辈辈都住在这里,为什么要去新农村。"(水云山合伙人阿云—男—45岁)

"对于我们整个财政来说,农业这块的话前期就是个无底洞,你必须拼命地往里投,没办法控制,就是等它以后的收益。"(烤烟企业老板阿兵—男—47岁)

资金的投入,主要表现在以下方面。第一,高额的征地补偿金。

如三关镇对农民的补偿费用是较高的，一旦补偿较低，农民就不愿意流转。纪山镇一开始的补偿相对三关镇来说简直是不值一提，除了荒废土地很多年或者实在无力种植的家庭一开始就同意土地流转外，相当多的农村家庭因为价格低廉而不愿意流转，尤其是拥有很多土地的家庭。第二，庞大项目的建设投入。企业获得土地使用权以后，首先得改造土地，将水田、旱田、林田、沼泽等一系列用途多且杂的土地改造成适合项目建设所需的土地，这就需要花费很多的资金。成功改造土地以后，就要开始具体的项目建设，这又是一笔庞大的资金投入。在整个过程中，还需要投入大量的人力、物力，需要财力的支持。项目建设完成后的管理、运营及维护，也需要不断投资。因此，如果土地流转进行得不顺利，时间拉得太长或者不能成功实现，就会浪费大量的资金。如果项目建设完成以后企业得不到足够的经济效益回报，也会出现大量的经济损失。

（二）"管理＋自然"风险

农村土地股份合作制中，企业面临的另一个主要风险就是社会风险，或者说管理运营风险。农村土地股份合作制中的土地流转除了给予农民大量的资金补偿以外，不仅要求尽量实现农户全搬迁、土地全流转，国家还要求必须保证农民全就业，不能让农民坐吃山空，失去可持续发展的机会。如果不能解决农民全就业的问题，短期内农民可以靠征地补偿金生活，长期下去仍然会回到贫困状态。这不仅不利于农民的生存发展，也会造成社会问题，导致社会秩序不稳定。因此，保证农民全就业是非常重要的。为了保证农民全就业，企业普遍采取直接聘用土地流转后的农民在园区工作的方式，即让农民作为工人参与到企业项目的建设、运营和管理中。这就给企业带来了潜在的社会风险。

"除了我们公司网络部的十几个，绝大多数年轻人是在外面务工。55岁以上的人会选择到我们公司来，除了部分留守的老人，因为他还要照顾小孩，村里很多老人是不工作专门照顾小孩，没有小孩照顾的要么在厂里做事，要么在园区做事，生活都有保障，年轻人基本上都出去了。但年纪大的老人手脚慢,只能做一些粗活,而且往往认为自己做事情有经验,根本不听你的,不好管理,也产生不了效益……"(酿酒厂老板—大强—50岁)

一方面,农民的文化水平普遍不高,拥有一技之长的农民不多,因此,大多数农民只能做一些简单、技能要求不高的劳务工作,而且去企业工作的大部分是老年人。这些村民对企业的运营和管理是帮不上忙的。另一方面,农民向来自由随性,在土地流转前,都是自己种着一亩三分地,随意地处理土地,处事方式非常随心所欲。进入企业之后,可能会因为无法适应企业的管理方式,以及无法处理专门聘请的来自其他地区的管理人员之间的关系,农民不愿意遵守企业规范,出人不出力,企业处于失序状态,利益遭受损失。农村土地股份合作制模式中,土地流转也是有风险的,因为企业在获得农民的同意之后还必须改变土地的性质。国家规定农用土地是不能随便转作商业用途的,因此,企业拿到地后必须改变土地性质,否则就不能进行项目建设。一旦不能获得国家的支持,项目就"流产"了。一旦与国家规范不符,企业就会产生极大的社会风险,造成社会的不稳定。最关键的是,经营农业企业要面临不可预见的自然风险,如干旱、洪涝,有时候养殖的家畜还可能遭遇瘟疫,这些都会带来不可估量的损失。

"难点就是土地要变性质,一般耕地是不能搞商业的。现在,国家一直在规划特色小镇,我们就响应国家号召,做了一个医药方面的养生特色小镇规划,就可以拿到国家相关商业用地的审批,把土地性质变过来。我们除了种植果树,还养殖孔雀、兔子做观赏,还有鸡、鸭、鹅搞农家乐,开办养猪场消化部分餐饮垃圾……这些动物就怕遇到天灾,如猪瘟就非常害人……"(水云山合伙人小天—男—34岁)

二 土地转出后农村家庭面临的风险

(一)"失地+失业"风险

农村家庭将土地流转给股份合作企业之后,首先面临的也是经济风险。这个经济风险显然不是来自农业生产，因为它已经转嫁了，而是从长期来看的失地风险，还有股份合作企业老板万一经营不善，无法兑现在企业就业谋生或分红的风险。

首先，尽管农民土地流转后能够得到一笔可观的收入，但这种收入是一次性的，不可复制也不可持续，农民其实失去了他们赖以生存的基础。如果找不到其他创造可持续收入的方式，一旦将手中获得的补偿款消费完，农民就会面临失地加失业的双重风险。

其次，有些企业的补偿款很低，如纪山镇，并且农村居民如果需要水云山提供的安置房，还必须按照面积补偿差价，还需要花钱装修。如果一户家庭土地较少，那么，所得征地补偿款基本上与住房上的花费就抵销了，相当于卖地买了一栋房子。虽然房子不错，但也只有房子。

"一点儿都不划算，他跟你算面积的时候，都只算正屋的面积，像院子后面的小房子都不算面积的，你还得按照面积补差价。虽然差价不是很高，但如果按平方米算下来还是有好几万，给你的又是个毛坯房，装修又是几十万，补的那点钱还不够我装修的，况且我也不喜欢住在那里，那个盖房子的地方都好偏、好荒。"（村民阿敏—女—42岁）

尽管农业企业会为农民提供工作，但如果企业因为土地流转不顺利或者经营不善而终止项目，就会导致农民再次失去经济收入来源。即使将田地返还给农民，但也因项目开发与建设而被损坏了，如果想要复耕，对农民来说也是基本不可能的，所需经济成本太大。

最后，市场需求会对企业经济效益造成影响，对参与土地流转的农民经济收益带来影响，毕竟市场随时在变，企业生产出的产品，如太坪镇的烟草、三关镇的白酒、纪山镇的农产品等，一旦市场需求下降，就会直接影响农民的收入，无法保证他们收入的稳定性，也无法保证盈亏。企业承受经济风险的能力比较强，农民承受经济风险的能力则相对较弱，尤其是经济不发达地区的农民。

"风险主要是市场因素，现在还有一个风险就是土地。如果大的公司进行土地全流转之后，一个风险就是这个公司经营不下去或者老板不管了，就会导致大面积的土地没有收益，这时候就算把地还给农民有可能也无法继续生产经营……因为他有可能像我们这个流转的好一点在于他发展了苗木，发展苗木对土地是没有损伤的。但是如果他是大面积地连种稻香，会挖沟挖渠，农田就会受到损坏，复耕的话，想发展产业就不是那么好整理了，恢复生产经营的成本就会进一步提高。这要看对于土地的使用方式。"（乡镇政府驻村干部—男—46岁）

（二）失地后的社会适应风险

农户会因为土地流转本身带来的社会结构关系的改变，或者无法适应土地流转造成的经济关系、社会关系的改变而造成社会风险。进行农村土地股份合作制模式的土地流转以后，农民虽然拥有土地所有权，但不再拥有土地使用权了，从"地主"升级成为股东，然而对土地的使用没有了发言权。这使得农民从"脚踏实地"突然变成了"头重脚轻"，因为对土地没有使用权，从而产生不真实感，对未来的收益也会产生不确定性。这种因为社会结构关系改变带来损失的不确定性，会突然使得农民处于失序状态，无法适应新的经济关系以及社会关系模式，产生挫折感。为了消除这种挫折感，农民会做好随时违背社会规范、反对土地流转的准备。

"我刚开始都不明白股份合作是个什么东西，听都听不懂，自己的地种得好好的，为什么要给别人。我给别人了我怎么搞，以后想种也没得种了，只能坐吃山空，给的补偿款又那么少，搞不懂土地怎么还能有股份，只听说过公司有股份的。再说，他这个到底是不是真的能赚钱，反正我暂时还没想好要不要搞这个东西，先拖着再说吧。"（村民老徐—男—47岁）

土地流转过程中，如果给出的补偿不能满足农户的各种需求，如住房、职业、医疗、教育、养老等没有达到村民的预期，或者流转过程不公平，如给出的补偿价格机制不一样，就会使农民产生相对剥夺感。相对剥夺感一旦产生，农民也会觉得自己受到挫折，从而产生违背社会规范的行为。比如上访，不断到居委会投诉，阻挠土地流转的进行。

"本来我给他一测量，只能分两套房，他找我要三套、四套，本来就已经给你打得很抛了，就是很浮的意思，我给你两套可能是多的，你说你家里有个姑娘出嫁了，还要一套房，这肯定说不过去。因为我们分房都是合法合规的，通过科学来计算，不是说我要故意给你少算的，或者是我跟你关系好给你多搞，每家都是平等的。农村有几千个人，可以说家家户户都认得，你多给了他，别人会知道，就会找你要，所以这个事情你必须一碗水端平。还有一些是找你要房，那肯定是不能依他们的。不依他们就闹，闹起了就会影响我们土地流转和项目推进……"（股份企业合作人老李—男—40岁）

（三）失地后的心理风险

除了物质和结构的风险外，土地流转还会给农民带来心理风险。一方面，对农民来说，土地不仅仅是物质保障的来源，也是心理保障的来源，正所谓手里有地，心里不慌。土地对农民来说就是一颗定心丸，有土地就能活下去。土地流转时，农民最先遭受的不是经济风险，而是心理风险。他们刚开始接触农村土地股份合作制模式的土地流转时，心理上会遭受冲击，除了不了解情况外，还会下意识地产生抵触的情绪。

"反正我最开始的时候接受不了，也不想搞这个东西。我现在种地好好的，每年都能赚几万块，虽然不是蛮多，但好歹年年都有，你一来就说要把我吃饭的东西弄走，我肯定是不同意，心理上就觉得不舒服。后来，看补偿款还可以，村主任又来说，我也晓得这个事情就算我不同意，也是没得法的，不同意还能怎么搞，顶多就是拖两天，最后还是要同意的。"（村民小黄—女—36岁）

在土地流转过程中，也会因为身份、结构、关系的变化，农民的需求得不到满足，补偿不公平等，产生心理上的负面影响。

"感觉一下子以后没得依靠了，就这么点钱，还要省着点花才行，以后万一生个病或者老了，都不知道去哪里弄钱。那些田多补得多的

人，还可以把钱放银行，光靠利息都能正常生活。我们这些田少补得也少的，只能走一步看一步了。"（村民大华—男—51 岁）

"我偷偷跟你说，说是说每家的补偿都是一样的，才不是，有跟村主任关系好的，就补得多些，我们村有一家，男的以前当过兵，长得五大三粗，每次都带他去那些还没签字的家里去，就是故意带他去威胁人家的，听说给他家里的补偿款就比别人高几倍，那还是他屋里人（老婆）到处说的，凭什么他家里就补那么多，他们家又没几亩地，反正我不管，要是我的没有他的多，我不会搞。"（村民阿艳—女—45 岁）

即使顺利进行了土地流转，农民也会在满足了基本物质生存需求之后，转而追求更高层次的精神需求。物质风险的解决并不能同时解决精神上的风险。因此，土地流转过程中，需要注意对农民进行心理慰藉、情感沟通、情绪疏导等，使得农民尽量不违背社会规范，和平自愿地进行土地流转，通过消除农民的需求溢出问题，避免可能造成的社会安全和社会风险问题。

因此，在农村土地股份合作制模式的土地流转过程中，不管是企业还是农民均面临风险。社会保障机制能否解决这些风险，尤其是能否解决农村家庭的社会风险，是笔者想要探索的问题。

第三节　表面的高收入与潜在的低保障

上节讨论了股份合作企业与土地全部转出农户的风险状况，这节主要对比太坪镇与三关镇普通农村家庭土地流转前后的社会风险状况，探讨社会保障是否对农村家庭社会风险具有抑制作用。

一　太坪镇土地流转前后社会风险状况对比

（一）家庭经济资源方面

从表 3-1 来看，本地农村家庭在土地流转以前，以"务工"和

"务农加务工"为主要收入来源的比例较大。这反映出这个镇的经济发展水平比不上三关镇，居民收入来源以务工和务农为主，家庭年均收入集中在3万—6万元，收入整体上属于中等水平。在家庭收入稳定性上，两个镇的表现是差不多的，都属于"稳定又不稳定式"的收入。政府引导土地流转以后，由于此地的土地流转属于农业性而非商业性的，没有减少耕地面积，属于政府在促进农业发展，所以，以纯"务农"为主要收入来源的家庭比例有明显上升，这个比例就是土地流入家庭的比例。对于土地转出的家庭，他们释放了更多的劳动力，可以外出务工，或者扩展自己家庭的生产关系，取得更多的收入。对于土地流入者，因为有政府的正确指导，发展特色农业，收入相对持续稳定，比例上升，好一点的能获得6万元及以上，差一些的也能获得3万—6万元。从图3-1来看，对于土地转出者，原本一部分"务农加务工"的家庭，由于土地转出，剩余劳动力全部选择外出务工，或者丰富家庭生产关系，相对土地转出以前增加了收入，从原来的1.5万—3万元爬升至3万—6万元的阶层，甚至超过6万元。总体来讲，土地流转后，当地农村家庭的收入状况变好了。

表3-1　　　　　土地流转前后农村家庭经济资源状况对比

家庭收入来源种类		务农	务工	务农加务工	个体户	务农加兼业	其他
	前	11.3%	42.3%	24.7%	8.2%	10.2%	2.1%
	后	18.7%	38.2%	18.8%	12.2%	9.7%	2.3%

家庭收入稳定性		持续稳定	不持续但总体稳定	既不持续稳定也不总体稳定
	前	4.1%	88.3%	7.6%
	后	20.2%	74.6%	5.2%

家庭年均收入量		0.5万元以下	0.5万—1.5万元	1.5万—3万元	3万—6万元	6万元以上
	前	1.0%	9.3%	7.2%	74.2%	8.2%
	后	2.1%	5.2%	11.3%	62.9%	18.6%

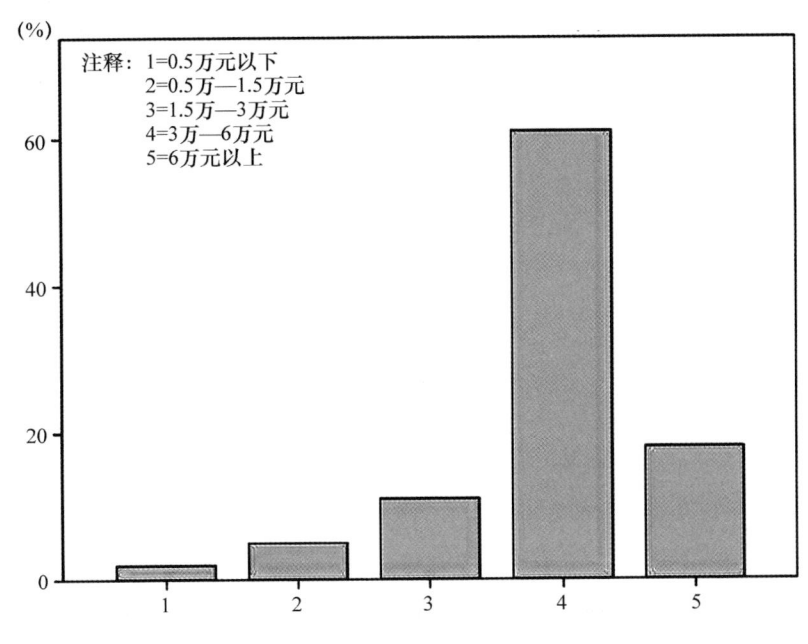

注释：1=0.5万元以下
2=0.5万—1.5万元
3=1.5万—3万元
4=3万—6万元
5=6万元以上

图3-1 土地流转之后家庭收入量

(二) 家庭社会支持方面

从表3-2可以看出，土地流转后，当地农村家庭的经济条件普遍有较大提升，在社会支持上也有了更多的选择。出现突发困难后，除了自己解决、依靠亲朋好友解决外，还可以寻求政府帮助，依靠社会保障救助，但是商业保障方面较少。因为收入水平的限制，商业保障方面，只有部分家庭购买了养老和医疗保险，还有一部分家庭没有购买。在教育方面，家庭的经济条件变好了，老百姓的思想观念转变了，他们坚信教育才会让下一代走得更远，所以愿意在孩子的教育上花大力气，花更多的钱和时间为孩子提供更好的教育。

举个简单的例子。土地流转之前，刘师傅家中有三兄弟，他是老二。家中老大根本没机会读书，轮到自己上学时，家中经济条件稍微改善，可以供他上学读书，但是对自己的学习情况也不是特别关心，只是在完成九年义务教育。还好，父亲会木工，教会了他一门安家立业的本领。刘师傅成家之后，主要是在外务工，妻子在家带小孩，顺带完成农活。土地转出以后，妻子到三关镇的一家工厂上班，家中收入增加了，妻子也没有被束缚在农田里，可以更灵活地安排时间。他们的小孩刚好到上幼儿园的年龄，妻子就在三关镇一边上班，一边带小孩上幼儿园，接受更好的教育。总结起来，土地流转之后，当地农村家庭的社会支持状况变好了。

表3-2　　　　土地流转前后农村家庭社会支持变化状况

项目/流转前后	土地流转前	土地流转后
出现一般突发困难	亲朋好友、同村互助	亲朋好友、同村互助，社会保障
出现特别突发困难	自己解决，无法解决	自己解决，寻求政府帮助，社会保障
教育方面	条件、质量等在当地属中等水平	条件、质量等在当地属较高水平
养老保障方面	养儿防老	社会保障，部分商业保障
疾病保障方面	家庭承担	社会保障，部分商业保障

二　三关镇土地流转前后农村家庭社会风险状况对比

土地流转前，当地农村家庭的生产关系大部分是单一的，虽然有极少部分家庭的生产关系是复杂的，但是当地农村家庭的社会风险状况是很稳定的。这得益于长期累积下来的自给自足模式。三关镇的土地流转主体主要是少部分家庭生产关系复杂和部分生产关系单一的农村家庭，这部分家庭在思想观念上领先于普通大众。土地流转以前，他们的主要社会风险状况都是自我控制的，家庭自身承担风险，且能力较强。这主要是因为他们的地理条件优越，能够发展多种生产关系，增加家庭收入。加上他们的思想观念比较开放，能够接受新鲜事物，敢于尝试未知领域，获得了经济上的主动权和领先优势。所以，他们抵御社会风险的能力是比较强的。

(一) 土地流转前的农村家庭社会风险状况

1. 家庭经济资源

(1) 家庭收入来源比较广泛。这主要是因为其家庭生产关系比较丰富。他们的思想观念开放，能够从多种渠道获得经济来源，且获取能力强。表 3-3 和图 3-2 显示，务农的多是和子女分开住的老人，占比 2.1%；纯务工的是已经结婚但是夫妻二人一直在外务工常年不回家的家庭，占比 5.3%；务农加务工、务农加兼业的家庭占据绝大多数比例，他们是生产关系多种多样的家庭；个体户是在集镇或者人户集中的地方拥有店面或者小作坊，这也是属于生产关系复杂的家庭，作为个体户的同时还兼职其他工作；其他占比 4.3%。

表 3-3　　　　　家庭经济资源状况（土地流转之前）

家庭收入来源种类	务农	务工	务农加务工	个体户	务农加兼业	其他
	2.1%	5.3%	44.7%	6.4%	35.1%	4.3%
家庭收入稳定性	持续稳定	不持续但总体稳定		既不持续也不稳定		
	6.4%	86.4%		7.2%		
家庭年均收入量	0.5 万元以下	0.5 万—1.5 万元	1.5 万—3 万元	3 万—6 万元	6 万元以上	
	5.3%	9.6%	17.0%	54.3%	12.8%	

(2) 家庭收入既不稳定又稳定。从图 3-2 来看，不稳定的表现是，他们从一种渠道获取经济的状况不能持续稳定。就像老谭外包工程可能只有一个月的工程量，一个月之后，这种收入就要中断。稳定的表现是，他们在一种渠道上的收入中断后，能够迅速地找到另一种收入手段。比如，老谭的工程结束以后，他可以很快接到运输的活，或者家中的小旅馆生意很好，或者其他。总之，他们一年的总收入是相对均衡的。表 3-3 中显示的持续稳定的家庭占比 6.4%，对应的是

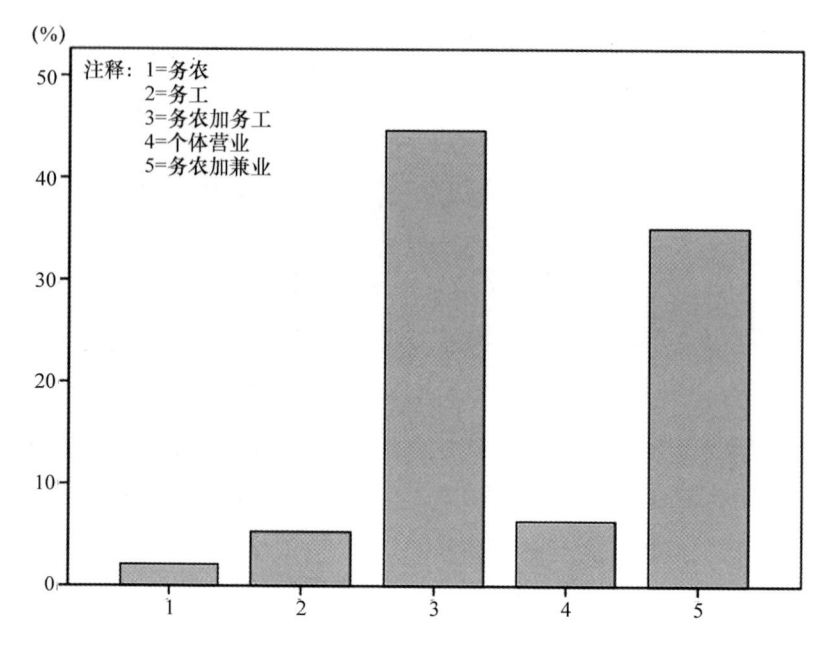

```
(%)
50  注释：1=务农
        2=务工
        3=务农加务工
40      4=个体营业
        5=务农加兼业
```

图 3-2 土地流转前家庭收入来源

家庭收入来源种类中的"其他"。这部分主要是在机关单位、或者事业单位或当地企业等稳定性单位工作的家庭，收入持续稳定，但是户口依然是农村户口。

（3）大部分家庭的收入属于中等偏上水平。从图 3-3 来看，家庭年均收入 3 万元以上的占比 67.1%，一部分家庭的家庭年均收入高达 6 万元及以上，部分家庭收入甚至超过 10 万元。这部分家庭依靠的是优越的地理位置优势，充分发掘多种生产关系，扩充自己的收入来源，其收入水平自然比较高。总体来讲，土地流转前，当地家庭经济资源状况是比较好的，得益于地理位置的优势，318 国道经过当地，拉动沿线经济快速发展快速。

2. 家庭社会支持

（1）家庭出现一般突发困难，通常是亲戚朋友之间互相帮助，同

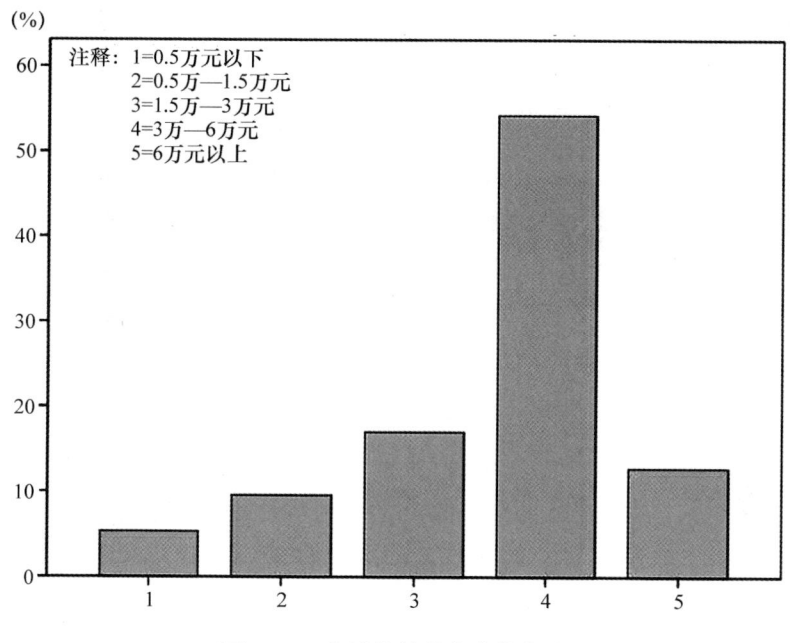

注释：1=0.5万元以下
2=0.5万—1.5万元
3=1.5万—3万元
4=3万—6万元
5=6万元以上

图3-3　土地流转前家庭收入量

村的家庭之间相互支持。这是农村解决问题的传统方式，不会借助社会组织力量，也不借助政府的力量，全部都是自己内部消化。农村家庭抵御一般突发困难的能力还是很强的。出现一般突发困难后，家庭的正常生活基本上不会被打乱。比如，家中的老人生病住院或者去世了，都会得到同村亲戚好友的帮助。基本上所有的家庭都会遇到一些一般性的突发困难，他们很愿意互相帮助，共同度过单个家庭可能无法解决的困难时期。

（2）家庭出现特别的突发困难，家庭经济条件好的，自己内部解决，家庭经济条件不算很好的，就没有办法解决。这种情况下为什么没有亲朋好友和同村家庭的互相帮助呢？原因很简单，当事情没有涉及自己的利益时，就可以不管不顾。农村家庭之间的互助行为，建立在可以获得回报的基础上。这个回报就是自己家庭发生类似情况时，需要得到以前帮助过的家庭的"还情"。因为不是所有家庭都会出现特别的突发困难,帮助别人后可能不会有机会获得"还情",所以同村家庭一般都不会提供帮助。即使关系好的亲朋好友想不求回报地帮助,但是由于特别的突发困难需要大量的经济支持,所以他们也是爱莫能助。这种情况下,家庭本身的经济情况决定着他们解决问题的能力,同样不会有借助社会组织和政府力量的行为。

(3) 教育方面,因为农村家庭的经济条件普遍中等偏上,加上当地属于西部大开发地区,享受的优惠政策很多,孩子的受教育情况是比较好的,主要表现在受教育的条件、质量等。当地普通家庭的孩子基本上都能够在县里最好的小学、初中上学,因为这些学校就在三关镇。当地农村家庭有地理优势,家庭经济条件也不错,可以承受这些学校的花费,所以小孩接受的教育质量很好。家庭经济条件好,就有让小孩接受许多课外辅导的可能性,培养孩子其他的兴趣爱好。而且,所有的家庭基本上都能享受到政策优惠,学校硬件设施和师资力量的建设也都能得到政策性的支持。但这只是在当地属于受教育比较好的,与其他地区教育相比,差距是很大的。

(4) 养老方面,主要是"养儿防老"式。这基本上没有涉及养老院、社会保险、商业保险、社会组织救助等,全部以家庭为单位,老人的养老问题全部由子女负担。对当地的老人而言,他们没有退休年龄,只要还具有劳动能力,就必须劳动,获得自己所需的经济资源,除非失去劳动能力,才真正进入养老模式,否则就一直处于"上班"模式。这在土地流转后是变化比较大的一个方面。

(5) 疾病方面,也是以家庭为单位消化,不涉及社会保障,更不涉及商业保障。一般的小病都是由村级医生诊治,除非是特别重大的疾病,才会去医院治疗。医疗费以自己承担为主,无法承担就找亲戚朋友借钱治疗。

(二) 土地流转后的农村家庭社会风险状况

1. 家庭经济资源

对当地农村家庭来说,土地流转可以让他们获得一大笔补偿金。

这笔钱的数目是巨大的,对于大多数家庭,可能是他们一辈子也无法挣得的数目。在突然得到这么一大笔钱之后,当地的农村家庭被分成两大类。

第一类家庭,他们得到这笔钱后会扩大和丰富家中的生产关系。得到这笔钱以前家中生产关系已经很丰富的家庭,则继续进一步扩大和丰富经济获取手段,让财富越滚越大,维持更高的生活水平。从表3-4、图3-4可以看到,以个体户和务农加兼业为主要收入来源的农村家庭比例有了明显增加。从图3-5来看,收入在6万元以上的家庭也有了明显增加,还有一部分家庭因为增加了经济获取手段,家庭年均收入已经超过6万元。

第二类家庭,他们得到这笔钱之后会有一种"暴发户"的感觉,认为自己步入了上层社会,在物质上"大手大脚",在精神上瞧不起"穷人",认为自己可以一直"不劳而获"。他们会停滞在当前的发展水平,做"守财奴",不劳作,不想办法获得更多的经济资源。表3-4中的"其他"收入来源家庭,对应的就是这类家庭,在家庭收入稳定性中属于不稳定的一类,大部分没有年均收入。这部分家庭的出现,是土地流转带来的最不好的后果之一。

表3-4 土地流转前、后农村家庭经济资源状况对比

家庭收入来源种类		务农	务工	务农加务工	个体户	务农加兼业	其他
	前	2.1%	5.3%	44.7%	6.4%	35.1%	4.3%
	后	8.5%	5.3%	19.1%	17.0%	40.4%	9.6%
家庭收入稳定性		持续稳定	不持续但总体稳定		既不持续也不总体稳定		
	前	6.4%	86.4%		7.2%		
	后	7.0%	73.7%		19.3%		
家庭年均收入量		0.5万元以下	0.5万—1.5万元	1.5万—3万元	3万—6万元	6万元以上	
	前	5.3%	9.6%	17.0%	54.3%	12.8%	
	后	3.2%	5.3%	5.3%	61.7%	24.5%	

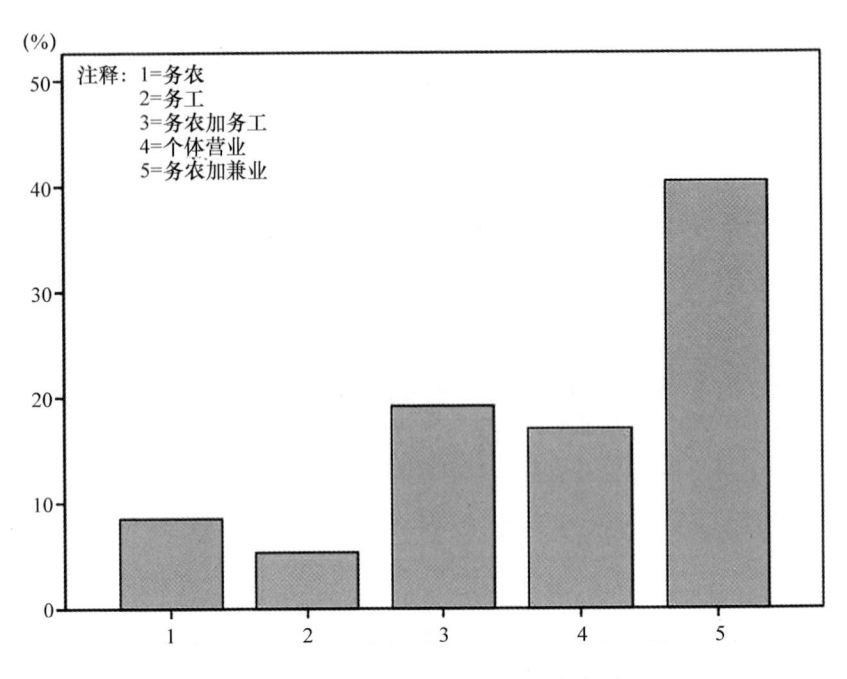

图 3-4 土地流转后的主要收入来源

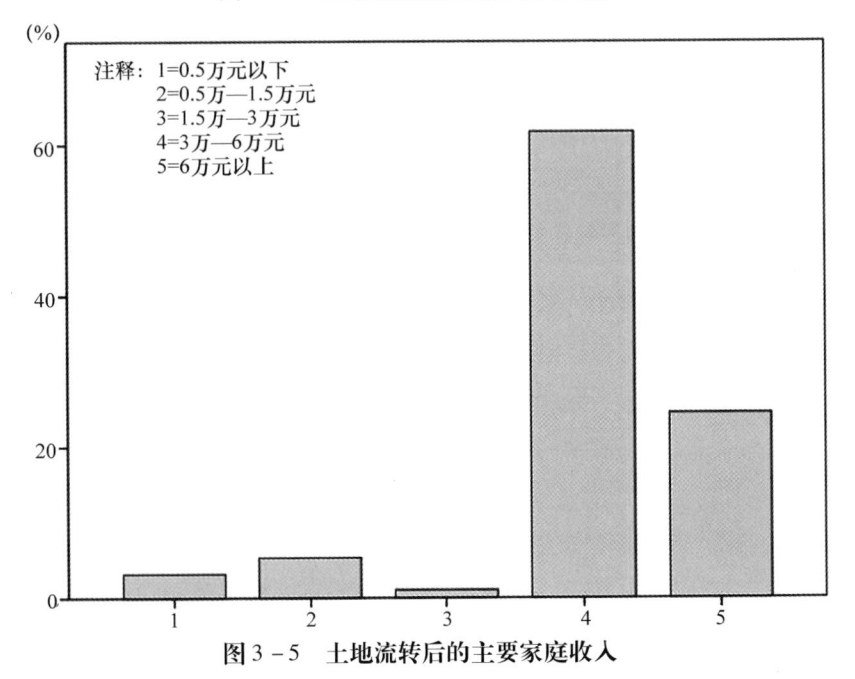

注释：1=务农
　　　2=务工
　　　3=务农加务工
　　　4=个体营业
　　　5=务农加兼业

图 3-5 土地流转后的主要家庭收入

注释：1=0.5万元以下
　　　2=0.5万—1.5万元
　　　3=1.5万—3万元
　　　4=3万—6万元
　　　5=6万元以上

2. 家庭社会支持

从表 3-5 可以看出，土地流转后，农村家庭的经济条件明显变好，思想观念也随之更加先进，加上国家开始重视社会保障，所以，土地流转后的农村家庭在社会支持方面变化较大。他们接受一些先进的观念之后，愿意寻找更多的保障，如参加社会保障、购买商业保障等。

表 3-5　土地流转前、后农村家庭社会支持变化状况

项目/流转前后	土地流转前	土地流转后
出现一般突发困难	亲朋好友、同村互助	亲朋好友、同村互助，社会保障，商业保障
出现特别突发困难	自己解决，无法解决	自己解决，寻求政府帮助，社会保障，商业保障
教育方面	条件、质量等在当地属较高水平	部分家庭开始送孩子出本地接受教育，但同时部分家庭不再重视教育
养老保障方面	养儿防老	社会保障，商业保障
疾病保障方面	家庭承担	社会保障，商业保障

首先，出现一般突发困难后，除了原有的互助方式外，还有社会保障和商业保障，让他们能够轻松应对。其次，出现特别突发困难后，以前很多家庭无法解决，抵御这种风险的能力很差，但是现在农村家庭手中有大量的补偿款，可以用来抵御这些困难。而且，他们可以寻求政府的帮助，享受购买的商业保障的赔偿。如 2009 年，老谭家自费开了一个造炭厂，但因为市场不景气，最后亏了二三十万元。但是老谭迅速得到了政府的指导和帮助，成功地贷到款并进行了第二次创业，开起了养殖场。现在，他每年都能毛收入 40 多万元，计划后期再扩大养殖规模。在教育方面，由于接触外面世界的机会较多，在条件允许的情况下，一部分家庭会把孩子送出去读书。另一部分有

"暴发户"思想的家庭,则认为孩子接受多少教育是无所谓的,反正家里有钱,孩子只要能成家就完成任务了。养老和疾病保障方面,都开始依赖社会保障和商业保障,家庭逐渐脱离这个"重担"。尤其在就医方面,现在的农村家庭成员有病之后会毫不犹豫地进医院诊治,高昂的医药费已经不是他们的担心了。

综上所述,通过政府与村集体引入农村股份合作企业以后,农村股份合作企业流入大量土地,面对的是经营农业企业的经济风险与可能的自然风险;村民通过土地流转,短期内的经济收入得到了提升,获得了表面上的高收入。在这个意义上,尽管土地流转同样会给村民带来经济风险,但农村土地股份合作制模式给土地转出的农户带来的经济风险并不太大。对于全村土地转出的农户,面临更多的是失地之后的社会适应及心理风险,而这种风险却从未得到重视与关注。尽管社会保障尤其是养老保障与医疗保障极大地降低了土地流转给农村家庭带来的社会风险和经济风险,一定程度上满足了农民除经济需求以外的需求,但是村民长期以来在熟人社会中形成的互帮互助型社会保障仍然占主导地位,购买商业类保险的意识并未得到明显的增强。尽管部分家庭开始寻求政府帮助,购买商业保障,但他们的心理需求几乎很少被考虑,潜在的心理风险仍然存在。也就是说,在社会保障与心理保障上,农村家庭普遍呈现出一种被忽视与低关注的生活状态。因此,要想顺利实现土地流转,降低农民的经济风险、社会风险以及心理风险,通过社会保障来代替土地保障给农民带来安全感,完善社会保障制度是非常必要的。

第四章　家庭农场与"农场主"

"家庭农场"一词来源于欧美。美国1826年制定的《宅地法》，奠定了家庭农场的基础。① 美国农业部（USDA）指出：家庭农场的本质特征不在于土地占有、土地规模和资本投入，主要在于生产性劳动投入来自家庭，其回报也归家庭所有。但是，与中国地少人多的情况不同，美国地大人少，美国的"大而粗"模式不符合当前中国农业实际，更不符合具有厚重传统的关于真正小农经济家庭农场的理论洞见。有学者认为，近30年来中国广泛兴起的适度规模、"小而精"的真正家庭农场才是中国农业正确的发展道路。②

在中国，"家庭农场"于2008年首次写入中央文件，它是党的十七届三中全会所做的决定。决定指出，"有条件的地方可以发展专业大户、家庭农场、农民专业合作社等规模经营主体"。2013年，中央一号文件进一步把家庭农场界定为新型农业经营主体的重要形式，并要求通过新增农业补贴倾斜、鼓励和支持土地流入、加大奖励和培训力度等措施，扶持家庭农场发展。2014年，《农业部办公厅关于家庭

---

① 陆水平：《关于农业科技在美国家庭农场中应用的启示》，《上海农村经济》2007年第8期。

② 黄宗智：《"家庭农场"是中国农业的发展出路吗？》，《开放时代》2014年第2期。

农场发展的指导意见》(以下称"意见")指出,"要充分认识促进家庭农场发展的重要意义、把握家庭农场的基本特征、明确工作指导要求、探索建立家庭农场管理服务制度"等重要指导意见。2016年出台的《农业部办公厅关于进一步做好家庭农场认定和名录建设工作的通知》指出,"地方农业部门要按照'意见',明确家庭农场认定标准,规范认定程序,对经营者资格、劳动力结构、收入构成、经营规模、管理水平等提出相应要求"。2017年中央一号文件提出要"完善家庭农场认定办法,扶持规模适度的家庭农场,鼓励地方建立农科教产学研一体化农业技术推广联盟,支持农机推广人员与家庭农场、农民合作社、龙头企业开展技术合作"。从"家庭农场"被写入我国相关文件以来,各地陆续开始家庭农场的试点经营与探索,形成全国比较有代表性的5个区域样本,分别位于上海松江、浙江宁波、湖北武汉、吉林延边、安徽郎溪,对全国其他地区的家庭农场经营提供了宝贵的经验。[①]

从1978年我国实施农村土地家庭联产承包责任制,到2013年明确提出发展家庭农场的要求,可见家庭农场是适应我国当前农村劳动力流失和土地集中经营需求的有效尝试。我国农村土地的性质决定了我国发展家庭农场必须要土地流转。家庭农场是土地流转后的一种土地经营形式,我国原农业部将其定义为以家庭成员为主要劳动力,从事农业规模化、集约化、商品化生产经营,并以农业收入为家庭主要收入来源的新型农业经营主体。在当前关于家庭农场的研究中,学者们从不同的领域和角度对这一微观经济组织做出较为细致的研究。但家庭农场毕竟是作为舶来品对我国农村土地经营的一种大胆尝试,在我国辽阔的大江南北都有不同程度的试点和发展。综观各研究,可以发现关于我国家庭农场的研究呈现出明显的地域特征。无论是对我国

[①] 《2013中国经济时局与对策报告》。

已经形成的较为成熟的家庭农场发展模式的推崇,还是对国外家庭农场发展经验的借鉴,学者们都发现了我国当前家庭农场发展存在众多的问题与挑战。目前,关于土地流转与家庭农场的研究具有以下几个特点。

一 研究家庭农场的地方性特点

家庭农场作为微观的经营组织,是与我国农村发展紧密联系的一种经营模式。在对我国家庭农场的研究中,研究者往往采取地域实证的研究方式,以期更好地了解这一经营模式在我国的发展状况及带来的效益。在对家庭农场的地域实证研究中,大到以某个省为例,小到以某个村甚至是某户家庭农场为例,研究者试图以不同的样本来发掘家庭农场在我国不同地区的发展状况与地方性特点,并为我国家庭农场的发展出谋划策。除了对五种有代表性的家庭农场区域样本进行研究外,其他地域有关家庭农场的研究也层出不穷。欧阳桂前等以东北三省为分析样本,从土地规模化经营的政府服务和配套措施为着眼点,以便更好地在这片有着规模化经营优势的土地上促进家庭农场的发展。[1] 林兴虹和陈军等都选择安徽省的家庭农场作为研究样本,分别从调查数据和典型案例方面分析该地家庭农场的发展。[2] 万江红等以山东省张家村作为质性研究的样本探讨家庭农场与村庄的关系,并从这一新型的经济组织中发现了其现代性的特征。[3] 叶其蓝以广东省为例,结合国内外家庭农场的管理经验为该省的经营管理提供可建设

---

[1] 欧阳桂前、田克勤:《中国农地规模经营存在的问题及对策分析——以东北三省为例》,《长白学刊》2015年第2期。

[2] 林兴虹:《安徽省土地流转与发展家庭农场研究——以安庆市枞阳县为例》,《宿州学院学报》2013年第8期;陈军、李国富:《促进家庭农场发展的调查研究》,《中国财政》2013年第17期。

[3] 万江红、苏运勋:《村庄视角下家庭农场的嵌入性分析——基于山东省张村的考察》,《华中农业大学学报》(社会科学版)2016年第6期。

性参考。① 崔起兰实地调研了河南省新乡县、田长平对比了河南省民权县的家庭农场。② 彭莹和张珊等都选择了湖南省的家庭农场作为研究样本。③ 周娟等以湖北省黄陂某个村的个案为样本；张静实地走访调查研究了荆门市掇刀区的家庭农场，徐辉对湖北省8市（区）200个家庭农场进行了调查，郑玉兰等以湖北省为例研究了土地流转在家庭农场中的发展。④ 调查地域的选择除了按照我国省份划分外，还有根据地理形势和经济发展水平作为参考的。曾宪堂等对我国欠发达地区四川南充市的家庭农场做了调查。⑤ 隋红华等选择我国山地丘陵地区的于家村及附近自然村作为研究样本，试图分析地理形势对家庭农场发展的制约作用。⑥ 此次研究也选择进行实地调查，这是因为我国地区之间多种多样的地形地势以及经济发展水平不一致，家庭农场在各地方形成了各自的发展特点，只有采用地域实证调查才能得到更真实、准确的数据，为进一步研究奠定基础。

二　研究的焦点在于家庭农场的发展困境与出路

家庭农场在我国不同省份、地形和经济发展水平地区均有发展，

---

① 叶其蓝：《广东省家庭农场建设和经营管理模式的研究》，《南方农村》2014年第9期。
② 崔起兰：《河南省家庭农场培育与发展探讨——以新乡市为例》，《现代营销》（经营版）2018年第10期；田长平：《农业土地利用视角下的家庭农场问题调查及对策研究——以河南省民权县家庭农场个案调查为例》，硕士学位论文，东华理工大学，2015年。
③ 彭莹：《湖南省家庭农场现状及其对策研究》，《经济研究导刊》2018年第26期；张珊、彭承玉、姜锡茂、贺思嘉：《影响家庭农场土地经营权稳定性的因素研究——以湖南省为例》，《山西农经》2018年第10期。
④ 周娟、姜权权：《家庭农场的土地流转特征及其优势——基于湖北黄陂某村的个案研究》，《华中科技大学学报》（社会科学版）2015年第2期；张静：《荆门市家庭农场的发展研究》，硕士学位论文，华中师范大学，2017年；徐辉：《农业新型经营主体家庭农场培育研究——基于湖北省的调查》，《学术论坛》2014年第1期；郑玉兰、杨孝伟、彭国莉：《土地流转对家庭农场适度规模经营的影响分析——以湖北省为例》，《产业与科技论坛》2018年第22期。
⑤ 曾宪堂、邓学平：《欠发达丘陵地区家庭农场发展之路——四川南充市家庭农场的调查与思考》，《南方农村》2014年第1期。
⑥ 隋红华、李梅芳：《山地丘陵区家庭农场发展制约因素的研究——以于家村及其附近自然村为例》，《辽宁农业职业技术学院学报》2014年第2期。

尽管学者都尽力从不同视角分析各种因素对我国家庭农场发展的影响，研究的焦点基本上锁在了家庭农场在我国发展中遇到的困难和挑战。温月芬从家庭农场的定位和农业经营主体资格的宏观方面，大胆提出了我国发展家庭农场需要注意的问题。[①] 肖斌等梳理了早期职工家庭农场和现代家庭农场区域范围试点的经验，提出要坚持我国土地集体所有；高微也直接从政府服务、经营者素质和土地流转等方面揭示当前家庭农场存在的问题；邱拓宇等从土地流转、农业社会化服务、金融服务、科学技术和经营者素质等方面分析了我国家庭农场存在的问题；臧凯波分析归纳了阻碍家庭农场发展的因素。[②]

不论是文献分析还是实地调研，家庭农场不仅存在一些问题，还遇到了不少的困境。朱雪融考虑农民、农场主和政府三个主体在发展家庭农场中所受的困扰，分析了各主体遇到的难题；郑风田直言，我国的家庭农场发展面临土地从哪来和租金如何消化两大难题；王肖芳考虑到了与之相适应的土地保障机制、新型职业农民培养和扶持政策上的困境；赵伟峰等从土地流转、资金供给和经营主体定位及配套社会服务方面研究家庭农场发展面临的困境。[③]

可见，我国家庭农场的问题和困境主要集中在对家庭农场经营主体的定位、土地流转相关制度的完善、农民应对新型经营方式的挑战及相关的配套服务与措施上。对于国外家庭农场的研究主要是引进与糅合其成熟的经验。徐会苹结合我国家庭农场样本地区的发展情况，希望其能够参考借鉴德国完备的土地流转法律制度、政策资金支持机

---

① 温月芬：《发展家庭农场需要关注的几个问题》，《品牌》（下半月）2014年第Z1期。
② 肖斌、付小红：《关于发展家庭农场的若干思考》，《当代经济研究》2013年第10期；高微：《家庭农场发展：问题与策略》，《沈阳农业大学学报》（社会科学版）2014年第2期；邱拓宇、李大鹏：《中国家庭农场发展存在的问题及对策》，《河南农业》2019年第2期；臧凯波：《我国家庭农场发展存在的障碍及应对策略》，《农村经济与科技》2013年第7期。
③ 朱雪融：《家庭农场发展的困境与路径选择研究》，《农业经济》2014年第4期；郑风田：《家庭农场发展的两大难题》，《中国畜牧业》2013年第6期；王肖芳：《我国家庭农场的发展困境与对策研究》，《中州学刊》2015年第9期；赵伟峰、王海涛、刘菊：《我国家庭农场发展的困境及解决对策》，《经济纵横》2015年第4期。

制、农场主的培养和社会服务体系;陈丹等汲取欧美发展家庭农场的历史经验,强调政府扶持在家庭农场中发挥着重要作用;付俊红认为美国家庭农场发展的重要经验在于依靠现代科技、生产技术以及政府的引领;赵冬等将目光转向日本,认为日本在土地和人力都不占优势的情况下家庭农场得到振兴,原因在于土地流转、推广农业新技术、品牌化战略、发展观光农业以及培育农业青年人才等措施。[①] 此次研究的家庭农场是否会与其他调查点呈现出相同的问题,或者在家庭农场发展中出现类似的困境,采用相同的解决办法,对文献的梳理能够为本书问题的研究与解决提供参考。

三 研究的难点在于厘清土地流转与家庭农场发展的关系

我国发展家庭农场的前提条件是有规模化的土地,而土地的集中经营离不开土地流转。土地流转基本上与家庭农场相伴随而存在,也成了家庭农场发展中的难点。郭正模和张小丽都试图探索土地集中与流转机制方面的良策。[②] 刘灵辉提出,发展家庭农场首先要解决"土地从哪来"的问题,通过构建博弈模型分析土地交易成本对土地流转的影响,看到了我国家庭农场在土地流转中遇到的阻碍,进而强调土地流转集中的重要性。[③] 郑玉兰等和赵青等探讨了土地流转对家庭农场适度规模经营的影响。[④] 张宗毅等基于全国1740个种植业家庭农场

[①] 徐会苹:《德国家庭农场发展对中国发展家庭农场的启示》,《河南师范大学学报》(哲学社会科学版)2013年第4期;陈丹、唐茂华:《家庭农场发展的国际经验及其借鉴》,《湖北社会科学》2015年第4期;付俊红:《美国发展家庭农场的经验》,《世界农业》2014年12期;赵冬、许爱萍:《日本发展家庭农场的缘由、经验与启示》,《农业经济》2019年第2期。

[②] 郭正模:《家庭农场经营模式的土地集中与流转机制构建》,《中共四川省省级机关党校学报》2013年第6期;张小丽:《家庭农场经营模式的土地集中与流转机制构建探索》,《企业改革与管理》2014年第10期。

[③] 刘灵辉:《家庭农场土地适度规模集中的实现机制研究》,《中州学刊》2016年第6期。

[④] 郑玉兰、杨孝伟、彭国莉:《土地流转对家庭农场适度规模经营的影响分析——以湖北省为例》,《产业与科技论坛》2018年第22期;赵青、高峰、陈健、肖化柱:《土地流转机制对湖南家庭农场发展的影响》,《合作经济与科技》2015年第12期。

的数据进行定量实证分析,以此证明土地流转并非一定会导致"非粮化"。[1] 陈明鹤直接探讨了土地流转与家庭农场的关系。[2] 赖作莲从国外经验中得出在土地流转中要推动农民职业化培养进程。[3] 敦霄霄等认可土地流转对家庭农场发展会发挥推动作用。[4]

通过梳理家庭农场相关文献,可以发现学者研究家庭农场时多从问题视角切入,从观察现状来发现问题并提出解决的方案,很少从风险角度来看待家庭农场。本章主要关注土地流转后家庭农场的风险与保障问题。当然,上述文献也为本书调查提供了新的研究参考,从而能够更加全面地考察家庭农场。

第一节 J市家庭农场的历史与发展

2013年中国经济时局与对策报告显示,上海松江、浙江宁波、湖北武汉、吉林延边、安徽郎溪等地积极培育家庭农场,并取得了成效,成为全国家庭农场五大发展样本。研究者对这些样本做了大量的研究,为全国家庭农场的发展提供了借鉴和经验。此次调查选择J市,不仅是因为学者对该地家庭农场的研究相对较少,也因为该地靠近五大样本之一——湖北武汉,更是因为湖北省委提出用五年时间基本完成土地承包经营权确权登记颁布工作。2013年,要在每个市(州)选择1个县(市、区)开展试点,加快包括农村宅基地在内的农村集体建设用地使用权地籍调查,尽快完成确权登记颁证工作。其

---

[1] 张宗毅、杜志雄:《土地流转一定会导致"非粮化"吗?——基于全国1740个种植业家庭农场监测数据的实证分析》,《经济学动态》2015年第9期。
[2] 陈明鹤:《土地流转与家庭农场的关系探讨——以辽宁为例》,《党政干部学刊》2013年第8期。
[3] 赖作莲:《土地流转与职业农民培育——基于美、英、法、日等国的经验》,《经济研究导刊》2014年第22期。
[4] 敦霄霄、郭晴、张瑶、陈璐、赵雯:《土地流转制度改革对推动家庭农场发展的作用》,《合作经济与科技》2015年第19期。

明确指出确权是农村土地承包经营权有序流转的前提,这意味着今后土地流转更加流畅。土地流转对发展家庭农场有着不可或缺的作用,J市就是湖北省的试点区域,家庭农场发展也较为成熟,有几十个省级示范家庭农场。截至2018年,J市的家庭农场数量发展为全省第一,非常具有代表性。

2018年2月,笔者第一次赴J市做家庭农场的调研。那天天气非常晴朗,一望无际的田野有绿油油的麦苗和油菜苗,还有枯萎的稻草秆,整齐而鲜明的颜色昭示着生命的轮回。其中有一块地不同,是圈了一圈铁栅栏的桃园。桃园的大门上挂有一块鲜明的招牌,介绍该片桃园的经营情况和桃子的种类、营养等。院门紧闭着,靠近路边的院内有一栋房子,很显然是果农生活的地方。通过对路人的打探,我们得知这个地方是代家两兄弟承包的家庭农场,专门种植果树。代在这个村子虽然不是大姓,但自家产业大、声望大。代家兄弟本属于镇上的,没有农田,但就在四年前,通过土地流转承包了该村这块地方的农田。当时不仅村干部大力支持,连被承包地的农户都很乐意,因为代家出的钱比一般承包的高。不过话又说回来,代家的承包行为并不是每个农户都愿意看到的,因为很多人希望承包大块的土地培育果苗,但难题出在村干部身上。之前其他承包户想大面积流转但总是得不到明确的答复,要么是土地紧缺,要么就是说租金太低。村干部因为代家声誉大,加上代家会处理关系,因此能轻而易举地获得这块地的承包权。自从代家兄弟流转土地发展家庭农场之后,这块桃园每年3月就开始热闹起来,来来往往许多看桃花的镇里人,5月就可以看到采摘桃子的农户和运输桃子的车辆。路遇这个果树农场,增强了我们在此地调研的信心。现从J市家庭农场的历史说起。

J市地处湖北省中南部、江汉平原腹地,长江自西向东横贯全市,全长483千米。它以平原地区为主,海拔20—50米,相对高度在20米以下,属亚热带季风气候区,光能充足、热量丰富、无霜期长。全市太阳年辐射总量为104—110千卡/平方厘米,年日照时数1800—

2000小时，年平均气温15.9℃—16.6℃，年无霜期242—263天，多数年份降雨量在1100—1300毫米，有足够的气候资源供农作物生长。其4—10月降水量占全年的80%，太阳辐射量占全年的75%，水热同步与农业生产季节一致的气候条件，适宜多种农作物生长发育。

J市的家庭农场从2013年正式试点。这一年，J市汇总了107个乡镇的农村经济基本情况，共有2544个村106.68万农户，在新型规模经营主体中，有12151户专业大户、15个土地股份合作社以及476个农业企业。截至2014年1月，J市的家庭农场数量为1733个，其中1045个已在工商部门注册，经营土地面积达到193998亩。家庭农场分布行业主要为种植业、畜牧业、渔业、种养结合以及其他，畜牧业主要包括生猪产业以及奶业。

2014年，统计了108个乡镇，共2556个村。专业大户和土地股份合作社的主体数量相较2013年都有较大的增长，分别增长了28.94%和126.67%；农业企业的数量则呈现出下降趋势，比2013年减少55.46%。农村经济总收入比2013年增长了6.77%，农业、林业、牧业、渔业的收入也有不同程度的增长。家庭农场也发生了很大的变化，不仅数量增加到4321个，相较2013年增长了149.3%，而且在工商部门注册的数量也达到4036家，增加286.2%；经营土地的面积增加了104.4%，其中耕地流转经营的面积比重远远大于家庭承包经营的面积。家庭农场行业分布情况没有变化，除畜牧业的数量降低9.8%以及奶业在2013年和2014年都为0外，其他行业的数量有所增加，尤其是种养结合的家庭农场数量从2013年的112家增长到835家，一年内增长了645.5%。

2015年，J市家庭承包耕地流转总面积呈现上升趋势，股份合作相较2014年增加了86.25%，土地流转主要是流转入其他主体。已在农业部门认定的家庭农场的数量达到5303家，增长14.31%。除奶业的家庭数量依然为0外，其他家庭农场的数量有所增加，拥有注册商标和通过农产品质量认证的家庭农场数都出现大幅的增长，首次突破

200家。2015年J市经管局的工作报告指出，家庭农场快速发展，水稻种植类平均面积365亩，水产养殖类平均养殖水面205亩；总资产36.5亿元，年纯收入平均25.3万元，带动7.5万余户农民共同致富，辐射带动的农户户平增收1.3万元。同时，J市开展示范合作社和示范家庭农场评选活动，共上报省级示范合作社49家、示范家庭农场40家。

2016年，家庭农场的数量依然呈现上升趋势，个体工商户的数量也有所增加，其中被县级以上农业部门认定为示范性家庭农场的数量达到140家。关于家庭农场的行业分布情况，畜牧业的家庭农场数量有所减少，但奶业从0家增加到3家，实现零的突破，年销售农产品总值集中在10万—50万元的家庭农场的比例最大。2017年J市农村经济经营管理工作报告指出，J市家庭农场达到6556个，经营面积129.2亩，占J市面积的17.04%，平均经营面积198.18亩；拥有注册商标的家庭农场为447家，通过农产品质量认证的家庭农场为281家；全市家庭农场全年生产经营收入共26.89亿元，平均生产经营收入41万元/家。虽然家庭农场的数量依然有所增加，但是畜牧业家庭农场的数量呈现减少的趋势，奶业家庭农场未受畜牧业家庭农场减少的影响反而增加到10个。2017年，农业生产托管面积达到1037288亩，可以看出农业生产逐渐规模化。

2018年，J市新型农业经营主体持续健康发展。一是超额完成目标任务。据市工商部门提供的注册登记数据，截至2018年11月底，全市农民专业合作社达到9562家，家庭农场8659家，是近3年来增速最快的一年，提前超额完成年初制定的合作社7200家、家庭农场7000家的目标任务。二是新型农业经营主体培育工作亮点纷呈。J市家庭农场数量居全省第一，合作社数量也排在全省前列。全省开展标杆家庭农场、明星家庭农场评选活动，J市取得两个"标杆家庭农场"、一个"明星家庭农场"称号。三是土地股份合作社发展迅猛。目前，J市共有土地股份合作社212家。

自从2013年J市正式试点以来，专业大户、土地股份合作社、家庭农场迅速发展，农民的经济收益逐渐增加，积极响应国家政策。2019年，J市继续推进各项农村改革工作，培育新型农业经营主体。按照农民合作社总数10000家、家庭农场9000家的目标，继续实施新型农业经营主体提质增效工程。2019年，进一步引导新型经营主体向三个方面转变。一是从做产业向做品牌转变，进一步增强农民合作社、家庭农场的品牌意识，大力推进三品一标认证，扩大品牌效应，力争农民合作社和家庭农场新增质量认证农产品50个（2018年542个）、注册商标50个（2018年867个）。二是从重产量向质量和生态并重转变，引导农民合作社和家庭农场以生产无公害农产品为目标，合理用药用肥，尽量减少农药施用量，在化肥农药减量增效行动中起到示范作用，确保主要农产品有毒有害物质残留不超标。三是由粗放经营向标准化生产转变，统一生产资料供应和技术规程，实现全过程、全产业链的质量管理，指导建立"从餐桌到田头"的质量追溯制度，确保农产品质量安全。

第二节　从村庄能人到农场主

藤村是J市家庭农场发展较好的村庄，具有多种类型的家庭农场，发展较有特色，具有较为丰富的研究价值。所以，此次研究选择藤村作为深入调查点。藤村位于湖北省J市东北部、长江中游北岸，自然生态和谐，地形地貌是平原、丘陵、山区、水域兼有。藤村属亚热带大陆性湿润季风气候，江淮小气候区；光照充足，热量丰富，降水充沛，无霜期长；四季分明，冬冷夏热，雨热同季为普遍现象；年均气温13.0℃—16.1℃，平均降水量1111.2—1688.7毫米，日照2153小时，年无霜期250—270天。藤村自然资源丰富，有耕地100余万亩；林地近300万亩；水域45万亩。地表水、地下水储量20多亿立方米，高于全省平均水平。该地兼南北方的气候特点，树种繁多；国土面积3747平方千米，地表资源相当丰富，有耕地123万亩、林地282.6万亩、草地198.4万亩，多样化的土种适宜于多种农作物生长。

随着国家相关政策的支持、扶持，中央一号文件发布之后，农村经济得到较大发展，不仅体现在农村新型经营主体的迅速崛起，更体现在发展农村经济的整个过程中。在此次调研访谈中，我们发现，土地流转和家庭农场的变化是最为显著的，很多村民从曾经的村庄能人变成如今的农场主。

一 土地流转与村庄能人

随着当地政府倡导大规模的土地流转，以及新型农业主体的兴起，土地流转成为农村产业发展不可或缺的环节。村民逐渐转变思想，土地流转也慢慢盛行起来。藤村在土地流转方面，村内的土地流转率大约为10%，有700亩土地参与流转。这不包括私下的土地流转，农户私下土地流转率在30%—40%。他们以村为单位，村委与农户签订合同，将土地集中起来，然后村委再与外面公司签订合同，将土地转包出去。现在，每亩土地的租金是每年750元，其中700元给予农户，50元用作村集体管理费用。

由于土地流转盛行的初期出现了很多因口头协议引起的纠纷，所以，如今藤村的土地流转不仅有正式的纸质合同，更有相关部门的认证。这一方面是为了规范土地流转现状，另一方面是为了更好地保障土地流转双方的权益。为了最大限度保障土地流转双方的权益，很多村民会找到具有权威性的第三方协调。这些可以从对村民的访谈中得知。例如，村里一家渔业养殖的家庭农场主告诉我们："流转的时候跟村里签合同，因为老百姓不相信我，比方说，你不可能相信我说把土地租给我，万一我今年搞了明年不搞不给钱，你有这种担心嘛！你只有跟村里，我也找村里，第三方来帮我们见证，大家都觉得安全。知道吗，我有钱就跟政府，如果跟村里，我没有钱的话，比方说我今年没赚到钱,跟村里说我今年没挣到钱,你帮忙我跟老百姓先讲一声,这样都放心一些。我们这里也有自己流转的,也必须到财管所,经过第三方。"因为藤村的土地流转越来越规范,陆续有一些村庄能人流转更多的土地经营家庭农场。

现在,老福家经营一个省级示范家庭农场。老福夫妻以前是做粮食加工的,从1992年做到2012年。老福一直是村里通过勤劳致富的能人,后来搞家庭农场,一是因为老福觉得随着年龄增长,在外面做加工跟不上市场的变化,就只能回家种地;二是办粮食加工挣了一些钱想投资,想到本来就是农民出身,两口子会种田也能吃苦,就打算转产。老福记得自己是2007年4月7号签的流转合同,当时区农业局要规划40万亩区域的柑橘基地。起初政府把这个地方规划成家家户户自己种,后来要求统一承包给大户,刚好政府来做工作,老福就同意一次性流转,转让70年,260亩地到2078年到期。那时候的土地流转费用比较高,初期只流转了260亩,一年后又承包了40亩地,总共有300亩地。

老福家的农场户口上有3个劳动力,农忙季节基本上是请工,每年工人的工资将近18万元。

最开始经营农场的时候老福是缺资金的,但他想了很多办法。老福能干而且人缘好,村民都愿意帮助他。比如,周边的农户知道老福有了困难,就把钱直接存在老福这里。当然,老福也是明白人,就按一万块钱给农户六百块钱的利息。后来,慢慢集资,慢慢投资,家庭农场开始扩大规模。随着老福家的农场越做越有名气,现在老福也能享受国家贷款上的一些惠农政策。一次,老福需要十几万块钱,农行的业务经理知道以后直接来找他,承诺最少给老福贷款30万元。后来,农业局的领导过来参观,看到老福的农场经营得不错,就说为了发展经营至少给他50万元的贷款,利息还便宜,一年一万块钱只要560元的利息。

解决了资金的问题,老福开始动手搞农场的基础设施建设。2015

年，老福搞了水电路，装了专用变压器，还修了3万多立方米的蓄水池，2019年年初又投资20万元，专门搞农场灌溉。2016年，在每个山头上都建了一个三套两间的小房子，收获季节请人看管农场。农忙季节，请工是120—150元/天，男工150元/天，女工120元/天，包括一顿中餐，男工要出力，付出的劳动强一些。每年上半年工人剪枝的工资将近2万块钱，加上肥料、农药要开支25万块钱，目前年度毛收入是40万块钱，一般是扣除平时的开支、工人的工资后，目前还稍微有一点盈利。

老福暂时不想扩大农场了，想搞精细化管理，300亩地全部搞规范农场。老福非常注意革新品种，一般要六年换一次才能见效，一个品种换代要六年，每次投资七八万块钱。老福做事情很有章法。比如在品种换代的事情上，他是把品种逐步淘汰、逐步换代，不敢大量换代，因为有些品种适应别的地方但不一定适应这里，这与平均气温有关系。老福打算2020年去枣阳考察种植黄桃，把积洼地方改造后种植新的水果。

看到老福的家庭农场经营得有模有样，村子里的大户也开始效仿。一些外出务工的村民看到成立家庭农场还有政策支持，也纷纷回家申请创办家庭农场。对他们来说，创办家庭农场，一方面可以当农场主挣钱，另一方面离家近，可以照顾老人、小孩，同时推动村里经济发展。这是一种发展趋势。随着越来越多的土地被流转，越来越多的村民从村庄能人发展为农场主。

二 农场主与家庭农场的多样化发展

村内主要有两种经济组织：一是村级的渔场，已经承租给农户，租金归为村集体收入；二是家庭农场，种养殖相结合，以水稻和龙虾为主。很多年前，村里也有一个种植葡萄的合作社。该合作社租用村内的流转土地，由于投入过大，效益不行而倒闭。土地经济发展最主要的问题是选择种植作物，农户基本不知道该种什么好。比如，前两年种茄子比较赚钱,村民都改种茄子,现在茄子又不值钱了,又改为常规种植了。

当然,不是所有的家庭农场都像老福的一样能经营成省级示范农场。下面来看一个普通农场主的状况。

"我初中学历,1993年就在企业做事,也当过村大队的队长,一直在外面打工。最近一次打工经历是在一家防水材料工厂做技术员,做了大概8年,每年有十几万的收入。当时经济条件比较好,后来我生病了,动脉血管瘤压迫神经,不能做技术员就回来了。我家现在是村里的贫困户,源于因病致贫,我老婆生前得了病,先是肿瘤,做了手术后,紧接着糖尿病引起了尿毒症,治疗花费了上百万还是去世了,55岁。我也刚刚做了一个大手术,如果不是生病,我们家条件还是可以的。我有一个儿子,已经结婚了,也添了一个孙女,现在在J市打工。有了小孙女后,儿子压力也很大,所以我就流转了水田回来养虾。因为现在经济压力大,我还能劳动,就想多挣点钱。村里的刘主任帮我向银行贷了2万块,还给我买了两本养殖龙虾的书籍。我今年用这2万块买了虾苗,初步投放8亩地,其他的地种植水稻和其他农作物。刚刚卖了3000元的虾子,我今年不能把所有虾子都卖了,不然明年就没有虾苗,而且也不敢随便卖,因为虾子的市场行情不稳,今天这个价,明天那个价,心里没有谱就不敢卖。我们的虾暂不愁销路,街上有商贩来收,如果今年我的虾不生病的话,明年可以赚3万—4万元,肯定能还上2万块的贷款。"(小农场主老王—男—56岁)

老王其实算是村里的能人,但小型的家庭农场对于他来说并没有起到提高生活质量甚至是保障基本生活的作用,只能勉强维持生计。由于受每个人的家庭情况以及各方面因素的影响,村民们不敢放心大胆地扩大家庭农场的规模,这就使得家庭农场发展较为缓慢。

2019年,该村的家庭农场数量达到57家,包括经农业部门认定或备案、工商部门注册登记的家庭农场和符合条件的规模经营户。规模经营户一般是指,种植业要求种植农作物土地面积50亩以上,设施农业占地面积5亩及以上；畜牧业要求达到生猪年出栏200头及以上，肉牛年出栏20头及以上，奶牛存栏20头及以上，蛋鸡、蛋鸭存栏2000只及以上；渔业要求养殖面积达到10亩及以上。目前，该村的经营类型主要分为种植业、畜牧业、渔业、种养结合以及其他，其中养殖业有24家，畜牧业7家，渔业6家，种养结合20家（见表4-1）。

表4-1　　　　　　　　　　藤村家庭农场信息

类型	种植业	畜牧业	渔业	种养结合	其他	总计
数量（个）	24	7	6	20	0	57
面积（亩）	3659	94	15	1417	0	5185
比重（%）	70.6	1.8	0.3	27.3	0	100

可以看出，家庭农场这个新兴的农业主体得到了迅速发展，不仅数量有所增加，经营类型也变得更加多样。同时，家庭农场的经营主体慢慢向年轻化发展，有些外出打工的人员也回到村里申办家庭农场，同时在村委会任职，一举两得。此次访谈中就有一位村民放弃了稳定的工资收入，从浙江回到村里创办家庭农场，还在村委会任职。

"家庭农场是才申请的，我爸在那边搞养殖，我这边搞种植，也没有搞那些很多农庄放在一起的，单一只搞种植和养殖，其他的还没有申请。没有深入发展家庭农场，因为需要资金投入，树栽下去还没有产生多大的效益，只是说养殖鱼这一块开始产生效益。资金投入比较大，我们现在主要靠贷款，因为没有合作伙伴，就是一家人搞的。农场不跟合作社一样，合作社需要5家可以共同投入，家庭农场必须是一家人申请。我们之前主要是靠打工收入，回来后全部投入这里面了，现在在家专门搞这个。以前是说打工，因为小孩子在家里有爸妈照顾，大了就不听话了，所以只有不打工了，回来搞农场。"（小农场主阿文—男—40岁）

藤村鼓励家庭农场的发展，多种多样的新型农业主体如雨后春笋般出现，村庄能人经历过思想转变后成了如今的农场主。这不仅仅是主体的变更，更是整个乡村的变革与发展。现在，成立农场的程序也很简单，只需要村民一家人的户口簿和身份证，到财政部门申请并填一张表，拿着表去工商局登记，当天都可以办好。如果有流转土地，要有流转土地的合同，最低达到60亩才可以申请家庭农场，如果没流转土地就不需要合同。家庭农场正在吸引更多的年轻人，这对于家庭农场的发展具有很好的推动作用。年轻人不仅更容易接收新鲜事物，还能快速地学习相关技术知识，使之区别于传统养殖，充分发挥出家庭农场的优势。

第三节　家庭农场风险的同与异

通过观察以及访谈发现，该村家庭农场存在的很多问题得不到解决势必导致一定的社会风险。有些农场主在土地流转后对土地的不规范使用导致土壤被破坏，同时经营过程中化肥或者农药的不规范使用导致水质污染，以及技术资金方面的不足导致运营困难。这些情况都会造成各种风险，但是这些风险并不存在于所有的家庭农场，也会因家庭农场的类型产生差异。家庭农场的社会风险具有相似性，也具有差异性，主要体现在种植类的家庭农场和养殖类的家庭农场上，种养殖相结合的家庭农场则同时具备这两者的风险。

一　家庭农场的共同风险

（一）农场的"规模+资金"风险

家庭农场的申请条件离不开土地流转，J市申办家庭农场要求土地流转的面积必须达到60亩。在这个过程中就会产生风险，一是价格风险。藤村的土地流转基本上以自愿原则为基础，这就导致价格会不同，也不稳定。二是规模风险。由于土地流转后的用途不同，一些用途会导致在流转期限届满后土地无法复耕，造成大规模的土地资源无法利用。所以，相关部门会限制土地流转的规模进行。J市农村经济基本情况统计数据显示，土地承包经营纠纷仲裁数量随着土地流转的发生和家庭农场数量的增加而有所增加，这些都可以从与J市某镇政府主任的交谈中得知。

"现在还有一个风险，就是大的农场进行土地全流转后经营不下去，导致大面积的土地可能无法继续生产经营。有可能像我们这个流转得好一点农场主发展苗木了，这对土地是没有损伤的。但如果是大面积的稻香连种，他会要挖沟挖渠，农田就会受到损坏。再复耕的话，想发展产业就不是那么容易了，恢复生产经营的成本就会提高，导致很多农民上访。对于这个风险要看土地的使用方式。前期会有这个考虑，包括现在对流转规模也有所控制。就是说，因为最开始大家做这个事情的时候都没有考虑到这一点，但是后来慢慢发现这个风险之后，现在对流转规模有所控制。我们现在再整村流转的话需要上报到县级政府，提前有一个预判评估。"（镇主任—男—30岁）

这反映出土地流转规模的风险，流转价格的风险主要体现在村民对价格要求的差异性。无论多大规模的家庭农场都面临经济损失问题，即资金和投入的风险。在家庭农场的创办、经营中，农场主由于经验不足，很容易造成损失。这些损失有技术的原因，也有资金的原因。在农场的经营初期，没有相应的技术，也没有学习技术的渠道，容易走弯路。同时，资金不足、人工费用过高以及农药等相关物品的开销，都会造成家庭农场的经济风险。对不同类型农场中农场主的访谈也证实了这一点。

"技术保障的话，我也有订一些杂志，如水产养殖，一直在学习。我开始弄的时候也走了不少弯路，开始栽树时，都是请高级农技师过来指导。我自己请了，三年花了一万块，他只负责给你指导，再做其他事情就是一天一百块钱。都说农业是一个美丽的陷阱，是真的，我们以前搞副业的时候，从来不缺资金，人舒服又安逸自在。搞农业之后欠一屁股债不说了，又劳累，没得办法。现在搞农业收益太慢了，我前期六年一直都在倒贴钱，一分钱没有收益，全部是倒拿钱，每年都要投资，都是自己的积蓄，用完了再贷款。现在，我们还差100多万。"（养殖农场主—男—42岁）

"投进去这么多，不像打工，你有固定的收入。回来之后，你搞农场都是你自己的，一年好一年不好，你就不行。就像我们现在，创业阶段，只能吃补药，不能吃泻药，只能补不能泻。你只要一年赚不住钱，第二年就没有更多的钱投入进去，这两年还好，我这树挣三年了。去年才开始慢慢有收益，但没回本。前两年我把树种上去之后，每年农药投入、除草投入四五千块钱。就是开春到年底打农药，把草压住，前两年没有收入，第三年才开始有，树长到四厘米五厘米就开始有人买了，我才能开始进钱。之前，我就是纯投入，没有进钱。如果按目前这个行情，两三年我能把之前所有的投入全部收回来。如果遇上不好的行情就很难讲了，就会越拖越长，恶性循环，每年能把农药的钱收回来就行。现在，所有的树都已经出现饱和状态……"（种植业农场主—男—45岁）

可以看出，资金一旦缺失，人工费、建设费以及请技术指导的费用都难以保障，更不用说经营和管理了。尤其是苗木种植，刚种植的前几年几乎没有收益，需要不停地投入资金。从中不难看出，资金风险对所有家庭农场来说都是影响最大的。

（二）市场行情波动导致的经济风险

市场对家庭农场的种植产销几乎起着决定性作用，农场主选择种植什么取决于市场需求。随着市场上产品的品种和数量逐渐增多，消费者对产品的要求也越来越高，导致市场标准变得更加严格。比如，市场对收购的鱼不仅有重量达标的要求，更是对外形有着严格的要求，对鱼的品种也有着要求。这些标准都对农场主的经营有了约束，但是过于严格的市场标准也会产生种植养殖中的困难，产品卖不出去就会造成经济损失。

"现在养鱼不像以前，讲颜值，讲漂亮，讲体型，标标致致的，贩子要求很严格，你鱼养得不好看，又短又粗的，人家也不一定要。原来贩子都是到我们这里选鱼，你像我们养鱼的话，选得都相当好，一个鱼拿起来都合斤合两的，起劲看，鱼要苗条他才要。比如说一斤八两至两斤二两的鱼最好卖，非要这样的，因为拿到市场上要做烤鱼。做烧烤的，多一点他赚不到，三斤到五斤的，块鱼，做火锅。他贩子来的话，他不只买一种草鱼，他要花鲢、白鲢、鳊鱼、武昌鱼、鲫鱼，这些都要，所以你把这些鱼混合着养，他一来就往袋子里面装，品种单一了不行。但是养鱼的行情波动太大了。2016年、2017年行情是最好的，现在草鱼大都四块多，还受周围农庄环境生意的影响。再一个，全国的大型水产市场离我们有点远，像我们运鱼，鱼都死了，现在有一个冷链运输技术，就冷藏运输。当地有几个大的、系列化的水产市场，因为我们都靠鱼贩子在吃饭，所以他们也会压低价格。比方说价格本来十块，他卖不完剩一些，或者是说有死的他给你说压到九块或者八块，给你钱时一斤给你压一块或者两块，压一块多，就这样往下压。和种柑橘相比，养鱼风险大一点，收益现在不行了，像我们夫妻都搞个每年七万就不错了，搞个工资钱，现在规模有六七十亩，吃亏一点，捕鱼的话年底也要请人……"（养殖农场主—男—42岁）

从访谈来看，市场标准逐渐变得严格。当然，这是把双刃剑，一方面，可以更加规范市场，提高市场产品整个质量；另一方面，如果过于严格或者刁钻，市场标准的多变性也会给农场主造成压力，影响农产品的销量，给农场主造成经济损失。

对于市场价格的变动幅度，种植柑橘的农场主也表示很无奈。

"我们种果树的，又不像种粮食，国家有个保护价，水果没有保护价，都由市场决定。市场上水果少的话价格就高，哪一年水果多价格就低。最大的风险就是市场，销售基本上不存在问题，特别是柑橘这块，主要是价格比较低，但卖还是好卖。2018年只卖六毛钱一斤，刨去采摘费、管理费、农药、肥料，我们手里一斤只有两毛钱，你说我有啥效益呢,所以说要慢慢地改良品种。我们祖祖辈辈的农民,特别是种田的农民,一直以来在土里面刨钱是很不容易的,辛苦大,风险大,没得保障。你像我一年,两口子搞的事不算,还要搞十七八万工钱,到头来搞得不好就没得了。"(老黄—男—50岁)

一旦出现市场标准波动和价格波动的风险,就非常容易产生市场销售的风险。镇政府的主任就给我们举了一个例子。

"最大的风险还是市场,现在得他自己找。这么多的树,按照一棵树苗20多块钱,他进货是5—8块钱的成本,只种一年左右就可以长到那么粗,如果有市场,就可以全部卖出去。他这个规模,如果说卖出去的话,他一年的收入就比城市里一个白领都要多,但是他做不到这样的程度,不可能卖完,只可能是分批地卖。就是说,我们综合了一下,每年每亩苗木的产值大概在八千块钱,回本周期比较长。"

产品价格由市场的供求关系决定,难免会产生市场价格波动风险。对于家庭农场养殖和种植的作物,国家没有针对市场的政策和补贴,只有针对粮食作物的,也加剧了市场价格波动的风险。

二 不同类型家庭农场的风险差异

土地流转的规模、资金风险、市场波动风险是所有家庭农场具有的共同风险,但是家庭农场类型的多样性导致它们面临的风险也具有差异性。养殖类家庭农场主要涉及水质、农药和污染的风险,畜牧类家庭农场主要有疾病或者疫情等风险,种植类家庭农场则更多的是关于种植条件和环境的。

(一) 养殖类家庭农场的污染风险

养殖类家庭农场大多会选择养殖水产品,一方面是因为藤村的地理优势;另一方面是因为开始家庭农场正式试点之前,很多家庭已经在自家养殖水产品很长时间,申请家庭农场时更加便利。这样的家庭农场自然离不开水,一旦水产生问题,家庭农场也会产生相应的风险。

镇政府的主任告诉我们,水的品质差了之后鱼就不好生存,不是说流动的水质，而是水源的污染问题。现在，农村种水稻会用化肥，用了化肥之后，土质就被污染。如果养殖户的水较长时间不流通，它就有所污染。天气热了之后，水源条件不好，没有活水来，这样水里面也缺氧，鱼的必要生存环境就相对较差。一家渔业养殖的家庭农场的农场主也证实了这个说法。

"一直在养鱼，差不多20年了，只是这两年扩大规模了，我才申请了家庭农场。2019年这个时候鱼死得特别多，气候、水质、饲料各方面都有影响，现在也从大学找教授来给鱼看病，买药回来，这两天还好一点，刚刚控制住。鲫鱼就死得比较厉害，天天都在死，也是找的专家，说有很多原因，没有具体说哪一个……"（小黄—男—38岁）

可以发现，水质、农药、污染甚至气候都会给水产养殖的家庭农场带来相应的风险。

（二）畜牧类家庭农场的瘟疫风险

畜牧类家庭农场最主要的风险就是疾病和瘟疫。动物的突发疫情容易造成死亡，从而给家庭农场带来一定的损失。动物的疾病和瘟疫带有一定的突发性，一旦发生，影响范围就会很大，也会对人类的身体健康造成危害，风险很大。最典型的就是禽流感、鼠疫以及2019年的猪瘟。

2019年，由于非洲猪瘟的影响，村里所有的猪都被上缴并集中处理了，很多畜牧业的家庭农场主有所损失。他们也多次提到了猪瘟对家庭农场的影响。

"像2019年的这个猪死那么多，还不是没得保险。我原来每个地方都有住人，都喂猪，我一批喂六十几头。2019年猪得猪瘟，就不喂了，怕担风险。很多东西我们还是自己喂就好一些，起码吃得放心。我们以前还喂早鸭子，亏了几万块钱，就是到六七斤准备到长肥的时候出了问题，送到湖南的岳阳区，谈好的是六块八一斤，结果去了是五块八，鸭子本来就有点毛病，像抽风了，在家里好好的，拖到卖场就不精神了，价格就卖不起来了……"（老余—53岁—男）

动物瘟疫很难预测，不仅对该种动物产生影响，也会直接或者间接对其他养殖或者畜牧业的家庭农场产生影响。正是因为畜牧业疾病、瘟疫风险的突发性特征，现在藤村很少有人选择申办畜牧业的家庭农场。

(三) 种植类家庭农场的自然灾害风险

自然灾害的发生频率较高且具有不稳定性，对农业生产的负面影响大。农户经营家庭农场依然面临较大的风险，暴雨、冰雹、虫害、雪灾等都会对家庭农场的种植、养殖产生影响。

一家种植类家庭农场经历过一段探索，农场主告诉我们："以前开始种小树的时候，如棉花刚开始开花的时候被冰雹全打得没有了，龙卷风一卷就是一坨坨的，第一年亏了。第二年种花生还算是赚了两万块钱，第三年又种花生亏了几万。怎么亏得嘞，下雨。雨一下花生还没晒干，等到晴了准备再搞一下，又下雨，花生全长芽子了。全部亏了，把花生摘回来的时候是两万块钱的工钱。后来用小树套种的时候还种了点西瓜，西瓜起码两百万斤产量，好漂亮的大西瓜，结果瓜成熟的时候开始卖，我老家那边已经卖了一半，后来连续下了 23 天雨，把瓜皮全部泡水了，没卖嘛！后来，打听到临场家家户户都养鸭子、养鹅，50 块钱一拖拉机给他们喂鸭子，最后 50 块钱人家都不要了，我都种的是无籽瓜，亏了 17 万块……"（阿霞—女—49 岁）

虫害和雪灾等气候因素也会影响家庭农场的经营，尤其是种植苗木的家庭农场。

"特别是那个楠木，死很多，我的基本上都死完了，又补的香樟、大雨女真。这个树特别生虫，一支药的造价又特别贵，大概 90 块钱，就像注射器那么大，一针药就要 90 块，针扎树皮上，药慢慢被树皮吸收，它就不长虫了。销量还好，必须要分支达到两米五，一般两米二往上才有人要，要三岔的，两个岔的不行，长虫或者死掉要狠心把它锯掉，能重发的就重发起来，如果不能重发，我就把它挖掉再栽。记得 2008 年下大雪的时候栽的树全部冻死了，2009 年又重新栽的。

我们2008年还是正月十二跑到武当山搞的苗子，搞了37600块钱的苗子，还加100多块钱的运费，成活率达不到10%。后来全部重新栽，我们本地有卖苗子的。等于说第一年全部失败了，雪灾受冻了，我们把别人的苗子搞回来，苗子在别人家冻很了，栽回来没栽活的，然后又重新栽。"（小玉—女—48岁）

除了自然灾害这样不可避免的风险，也存在一些可预防、可对抗的自然风险，如水源风险。省级示范家庭农场的营业范围是种植业类的，这就需要大量的水。虽然家庭农场的地理位置很好，靠近漳河，但是农场主几乎不用。这是为什么呢？农场主解释说漳河水不稳定，干旱的时候隔太远，很难引入水源。针对水源不稳定的风险，农场主便想出对应的解决方法，就是自己在农场打井，一口井接近两万块钱，这样水就有了保障。虽然过程中会遇到一些困难，但还是将这个问题解决了。

综合对比所有类型的家庭农场，农场主都反映种植类家庭农场的风险相对较小，养殖类家庭农场的风险较大。现在，大部分申请家庭农场的村民会选择种植类家庭农场。虽然在家庭农场的申请运营阶段充满了风险，困难重重，但是依然挡不住村民的热情，因为他们具有一定的抗风险能力，能保障最基础的生活。

第四节 家庭农场的"风险自担"

合作社是家庭农场的高级形式，其抗风险的能力更强，在对藤村家庭农场的调查中也得到了证实。从土地流转后农业的经营形式来看，作为土地流入方，多个家庭农场联合可以形成合作社，因为家庭农场的规模一般比合作社要小，以家庭为单位种植大面积的土地可能面临的风险更大。对于土地转出方，流转给家庭农场或者是合作社，都可以转嫁种植土地的经济和自然风险。鉴于此，本章只分析家庭农场面临的风险。

一　与合作社相比，家庭农场能享受的保障更少

J市中，除了省级示范家庭农场有政府的农业补贴外，其他的家庭农场都没有补贴，只是对农业合作社有一定数量的补贴。保险政策对养殖业和种植业的力度不够，国家政策更偏向粮食。此外，一些农场主也反映在推广申请家庭农场时承诺过有相应的政策支持、补贴等，但是等农场正式开始经营后却没有将这些落实到位。部分柑橘种植和渔业养殖的农场主了解到该地区合作社有补贴，但是家庭农场没有享受补贴的时候，也不禁抱怨。

"我们现在种果树的家庭农场不仅没得补贴，而且什么都没得，从来没有拿到上面的钱，但是合作社就能享受上面的一些好处。说是农场种的都不是粮食作物，乱七八糟的，不可能给你多补贴，最近有一个农场就垮了。"（小兵—男—30岁）

"被问家庭农场的保障措施我就说没有，成立水产养殖，我就老跟镇里的财保说，种水稻都有保险，我养鱼的没得。卖保险的说政府没得补贴性的，保险公司就不得给你保险，因为养殖的风险大、高，他说我赔付比例太高，不愿意搞这个保险。像2019年的这个猪死那么多，还不是没得保险，因为养殖业政府不愿接。因为政府没得补贴，保险公司都不得搞，我们都是自己承担风险……"（老许—男—56岁）

刚在外地结束打工，回村申请家庭农场不久的几位年轻的农场主也证实了合作社或者规模更大的股份合作组织享受的保障更多。

"现在国家对这个家庭农场主要看土地规模，合作社规模更大，投入比较大。反正我感觉镇里好像还没有对哪个家庭农场有扶持的，我们去镇里开会，一般上报政府扶持的都是合作社，对家庭农场好像没有扶持。政策之前是说有好处的，有好的政策，我们才申请家庭农场的。但是到目前为止，我们还没有享受到国家的相关政策，可能是规模不够吧！"（小王—男—28岁）

"像我们这边一个叫KK集团的农业企业，要不是靠国家资金支

持,老早就垮。它属于政府招商引资的一个单位,有上千万的资金。你像我们弄个几万块钱都欢喜得不得了,KK集团不是靠国家政策的支持,亏得比我还惨。说实话,我都经历过,我们这边还有很多农产品不赚钱,起码我不亏。你说那些公司全靠国家政府支持,他们把农户土地流转过来,几年一流转。比方说,你有十亩地,给你一亩地一年800块钱,流转之后,他增加好多面积然后品牌做大、做强了,必须要大规模的土地。我们这边政府给的钱基本都在他们手里,我们基本上没得。"(小成—男—30岁)

经营规模大、发展好的农场对当地村民还是起到示范作用,但是农场主仍然渴望能有更多的政府保障和支持。

"我的家庭农场成立五年之后因为评了省级农场示范,才得到政府的一点支持,省财的农业资金给了八万块钱,以前根本上就没得支持。像新区成立了以后,都没得啥人来管我们了,全都靠自己。所以,不管合作社还是家庭农场,我们还是非常渴望有一些支持,确实搞得蛮费力,吃了不少苦。我们的家庭农场搞好了,周边的农户在我们的带领下也发展几千亩,就是我们本村的,别人看到我搞好了之后,都挖地、栽树,如橘子树……"(老彭—男—55岁)

不难看出,土地流转的规模与家庭农场经营的效益也对保障有一些影响,政策资金支持对家庭农场发展也发挥重要作用。对于家庭农场的经营者来说,政府可以因地制宜地设立农业保险来保证经营者的利益。尤其是家庭农场初期建立阶段,不论是土地流转还是购置物资,都需要投入大量的资金,缺乏政策支持就会导致家庭农场资金短缺,影响农场主的积极性。

二 将流入土地作为农场主的生活保障形式

在中国的农村地区,土地除了发挥种植、输出农产品等作用之外,对农民群体还意味着一种社会保障的手段。农户生活保障水平的差异，很大程度上依旧取决于土地的产出差异。① 家庭农场作为土地流转后的一种新型的经营主体，土地对农场主的生活也起着重要的保障作用。土地的产值对他们生活的影响十分巨大，尤其是在生活保障上。

对于许多普通农场主来说，土地是非常重要的。

"我开始种桃树的时候由于年代较早，没有土地流转，而是自己开山种植的。对生活在农村的人来说，你拥有的土地资源多一点，收益就稍微多一点。土地就是基本的生产资料，土地越多越有保障，多少都有点收益，心里就踏实一些，土地成规模了，收益也就稳定一些。"（果树农场主—李阿姨—53岁）

省级示范家庭农场的农场主也提到土地对他们生活的保障。

"我们祖祖辈辈的农民，特别是种田的农民，一直以来在土里刨钱是好不容易的。我流转了这么多土地，刚成立家庭农场的前几年一直都是亏损状态，由于没有政策支持，都是通过之前做加工积累的资金才得以将农场发展起来。不过有这么多地，一家的生活保障肯定是不愁的！"（老彭—男—55岁）

从访谈来看，土地成为家庭农场重要的生活保障，农场主生活水平的高低很大程度上取决于土地的产出。土地产值较小，容易使农场主面临较大的经济损失，从而引发土地流转后的诸多风险。

三 农场主承担所有风险，有较强烈的社会保障需求

不论是土地流转还是土地流转后家庭农场经营的过程中，农场主都表现出家庭承担风险能力的不足，希望有一些保障性的补贴政策支持农场的发展。这在对J市家庭农场主的访谈中得到证实。

"目前国家比较重视粮食，种粮食才有补贴和保障。像我们传统养鱼，政府不给补贴，全都靠自己拼搏，自己找市场，负责产供销，

---

① 陈成文：《论促进农村土地流转的政策选择》，《湖南社会科学》2012年第2期。

一不对路就不行了。比如鱼养到过年去卖的话，一吨饲料长六百多斤，到时候卖的价格六七块钱，你饲料都去了一半，几乎没得钱赚。现在，我还是希望政府起码把水产纳入保险。比方说，2019年市场因为全国都没有低温，一旦温度过低，蛮多鱼就死了。如果政府给保险，我交点，等于补贴给那个保险公司，我们个人再交一点，承受风险的能力就好很多。"（小黄—男—38岁）

从对镇政府主任的访谈中也能够对农场主的风险承担状况有所了解。

"现在一个村子里面，唯独抗风险的能力来源于他们自给自足，也就是说自己承担风险。农民只要不出去消费，对于他的生活来说，就没有任何影响。农场的土地就是他们的资产，土地里的东西卖不出去可以慢慢地等，什么时候变现了，就是他的资金，这就是农场主的抗风险能力。但是对于大规模化的，每年的流转费用太高了，运营成本就高，如果不产生效益，农场就很容易倒闭。所以，现在我们开始限定土地流转规模。"

习近平总书记在中央全面深化改革领导小组第五次会议上发表重要讲话指出：要尊重农民意愿，坚持依法自愿有偿流转土地经营权，不能搞强迫命令，不能搞行政瞎指挥；要坚持规模适度，重点支持发展粮食规模化生产；要让农民成为土地适度规模经营的真正受益者。这样才能使土地流转的过程更加通畅，家庭农场的经营更有保障。J市对土地流转规模的控制，也在一定程度上保障了家庭农场主的利益。对于大规模流转，为了防止土地被滥用或者造成无法复耕，要对此类流转进行规范，完善程序和流程，保障土地流转的规范性。尽管市场具有自我调控的功能，但必须在一定的规制下运行。这样不仅可以在一定程度上保障农场主的利益，也让他们经营家庭农场时更有积极性。

第五章　小打小闹与"黑"在城市

　　前面几章分析了几种规模型土地流转之后农村家庭的风险，接下来讨论自发分散型土地流转。这是规模型土地流转的雏形，见证了土地流转发展的历程，目前在许多村庄仍然存在，短期内不会消失。20世纪80年代初，我国经济发展最快的沿海地区出现了农地流转这一现象，并在之后数年，随着沿海地区的经济发展逐步推动内地以及城市化进程，农地流转现象向着内地扩散。经过十余年的发展，20世纪90年代中期，我国农地流转仍稳定在家庭承包总面积4.5%左右的较低水平。[1] 直到21世纪初期，经济的飞速发展以及城市的强大吸引力，众多劳动力涌入城市，我国政府相应推出一系列农地流转鼓励政策，大幅提升农地流转的速度。到2003年年底，农地流转水平已是1992年的2—3倍[2]，流转面积更是史无前例地占到全国耕地总面积的7%。党的十七大报告明确指出，按照依法自愿有偿原则，健全农地流转市场；十七届三中全会指出，允许农民以转包、出租、互换、转让、股份合作等形式流转土地承包经营权；2012年、2013年和2015年的中央一号文件也指出，引导土地经营权规范有序流转，发展

---

[1] 韩俊：《中国农村土地制度建设三题》，《管理世界》1999年第3期。
[2] 孙国锋：《产权改革非平衡与农地可持续利用研究》，中国社会科学出版社2008年版，第34—60页。

多种形式的适度规模经营。① 随着近年来我国土地确权的推行，土地流转活动更加频繁。2018年，新农村土地承包法的出台，更是从法律上确保了土地流转中农民的利益。

农村自发分散型土地流转主要是指农户将自己的田地有偿或者无偿地交给亲戚、朋友等耕种，流转面积一般在10亩左右。农村自发分散型土地流转主要有以下几种情况：一是农户全家外出务工、经商，将土地交由父母、亲戚或者邻居耕种；二是半工半农的农户大部分只有妇女一人在家种田，由于农忙时劳动量大，妇女一人忙不过来，就把一部分田地交由他人耕种；三是农户把那些离家远的田地转给其他组或其他村的人耕种。自发分散型流转是农村社会最传统的流转形式。一方面，可以避免大面积土地抛荒；另一方面，可以使非粮食主产区实现粮食的自给自足，从而减轻粮食主产区对粮食需求的压力以及挤压。②

自发分散型流转主要有以下特点。首先，非正式性和随意性。农户之间的土地流转大都没有签订任何合同、协议等正式手续，只是一种口头约定。这就使这种流转形式不具有任何法律效力，土地流转具体时间也不确定，土地流转方可以随时将土地要回来。其次，非市场化逻辑。农户之间形成的自发分散型流转在租金上具有多种形式，基本没有采用现金、货币形式，大多采用实物形式，如一亩田给100斤稻谷，有的甚至是无偿流转，只要土地不荒芜就行。最后，自发土地流转容易产生"新中农"阶层，是指那些种植面积在20亩左右、收入水平在2万元左右的农户。有学者认为，自发流转可以使外出打工者遇到市场风险或没有工作保障时随时回到农村，并将流转出去的土地收回来，以此满足其基本日常生活需要，缓解市场风险对其造成的

---

① 朱建军等：《农地转出户的生计策略选择研究——基于中国家庭追踪调查（CFPS）数据》，《农业经济问题》2016年第2期。
② 袁明宝、朱启臻：《农地流转的地方实践形态》，《中国农业信息》2012年第19期。

冲击。[1]

本章主要以陈村为例，呈现农村家庭自发分散型土地流转后的生活状态，以此分析农村家庭可能面临的风险，为探寻未来陈村土地流转发展趋势和保障机制提供参考。

第一节 陈村自发性土地流转的历史与现状

陈村位于湖北省H市D镇，紧邻湖南省华容县，靠近石首与华容的高速和国道，交通便利；地处长江中下游平原，地势平坦，耕地资源丰富，耕地面积3122.95亩，其中水田1945.48亩，旱地1177.47亩，水稻是主要的农作物，油菜和棉花是主要的经济作物。全村478户，2056人，外出打工的人数占60%左右。因为该村外出务工人数较多，剩下的是老弱病残留守在村子，所以未发展出规模化的家庭农场或合作社等。鉴于自发型土地流转仍然是该村土地流转的主要形式，于是选择该村为样本做调研。

2017年8月，陈村进行领导成员换届，有10个村民小组，占地11平方千米，现有领导班子成员8人，每周都会召开例会，有党员10人。该村在D镇的经济发展中处于中上水平，村里"五保户"除了住福利院外还有一部分居住在村里。由于在村里生活习惯了，政府出钱修建20平方米左右的房子居住养老，每年补贴8400元。水稻是村里的主要农作物，油菜和棉花是次要的经济作物。由于陈村没有发展相关的农业产业企业，其家庭收入主要来源于城市务工和家里务农。不过，在家务农的收入相对较低，所以近些年，外出务工的人越来越多，这直接导致陈村的大量耕地被闲置，自发性土地流转现象越来越普遍。

---

[1] 袁明宝、朱启臻：《农地流转实践表达与农业经营主体的生成逻辑分析》，《古今农业》2014年第1期。

陈村土地流转已经30年有余。农村土地流转政策开放以后，土地流转形式逐渐呈现多样化，起初一般是通过无偿分包、委托代耕和倒贴转包等方式流转，现在慢慢转变了，主要包括分包、租赁、互换等多种形式。陈村第一批土地流转是在改革开放之后，部分村民外出打工，将自家的田地分包、委托给亲戚耕种，土地流转价每年每亩100—200元，主要在亲戚和邻居之间流转。分包主要是指在承包手续有效的前提下，把土地承包经营权下的土地转让给同一组织的其他人进行农业耕作等。与无偿分包和代耕等形式相比，陈村土地流转的形式越来越丰富多样，出现了租赁和互换。租赁是指承包方通过租赁的方式把土地经营权让渡给第三方所有，进行农业耕作。互换是土地经营所有者为了农耕方便，双方进行土地经营权的互换。现在，村里土地每年租金多数为每亩400—500元，私底下的土地流转大多没有书面合同，都是口头随意商量，想回收时就回收。值得一提的是，农户土地流转的目的也发生了改变：以前，通过自行协商的方法进行土地流转主要是为了方便耕作和减轻农业税的负担；现在，农户通过转包、出租等方式进行土地流转主要是为了获得更高的收入和利益。流转目的的改变也导致另一个现象：以前是土地转出方主动寻找流入方，现在是流入方主动寻找转出方。这都说明陈村土地流转在继续推进，土地资源的价值也在增加。

在100多户接受访谈的对象中，与陈村其他农户存在土地流转关系的户数占总访谈对象的93%，其中，土地流入方为30户，占32%，土地转出方63户，占68%；其总流转面积为688.43亩，占所有耕地面积的22%。这些土地流转主要采取农户之间的自主流转形式，以转包、出租和代耕为主，分别为164.45亩、315.22亩、118.58亩，其他形式90.18亩，分别占土地流转总面积的24%、46%、17%、13%。在土地流转的去向和用途上，绝大部土地流向种粮大户进行水稻种植，其他用来养殖鱼虾等水产品。

陈村的郑主任谈及村里土地流转的情况时，给我们做了比较详细的讲解。说到土地流转,郑主任既兴奋又有点无奈。

"村里特别希望土地流转能够大力开展起来,这样最直接的好处是村集体可以将流转后的土地集中起来对外承包,不仅能够增加集体财产,也可以拉动村里的农业发展。但农民们不大愿意这样做,他们在亲戚朋友和邻里间的土地流转还是挺活跃的,基本上是口头约定一两年,一年租金200—300元,但当村里以每亩地每年400—500元的价格集中流转时,农民们说价格太低不答应流转,且开口价在800—1000元,这样的价格村里难以承担。导致这种现象的重要原因是之前村里沿公路的一块地由于农业局征收植树绿化,政府给予被征地农户一部分的补贴,价格是每亩地800元,此后农民都以这个为标准,不管是哪的土地都要求村里按每亩至少800元的价格来流转。农民认为村里可以向政府申请部分补贴款,反正是流转土地价不能再低。"(陈村主任—50岁—男)

农民希望在土地流转中获得尽可能大的利益,尽管村委多次解释,效果却不明显。经过一块似丘陵状地形的农田时,郑主任指着它说,之前有三户镇上的承包户看上了这块地,希望向村委承包,但由于农民承包价的事没有谈妥。郑主任说到这事时还有点失落,说这么好的机会,就因为没有和村民就土地流转价格达成一致而错失了机会。不过这块地放眼望去,目前是一片绿油油的麦苗。

从郑主任那里了解到,我国土地确权工作给农村带来了巨大的影响。确认了土地产权使用权,农民不再局限于耕种自家的土地,还可以对已经通过权利认证的土地进行出租,或者将土地集中组建合作社进行团队的土地生产。总之,土地确权最直接的就是促进了土地流转,让土地"活"了起来。过去的陈村,人们都是自耕自种,很多人守着土地在村子生活下去。他们不仅与外界和城市没有太多的交流与接触,而且与自家的土地也没有太多接触。这就是典型的小农经济,自给自足,局限于一家一户的生活。土地确权后能够让土地放心流转,给土地提供更多的用处。村民可以不用待在农村,把土地出租给别人耕种，自己在外闯荡，努力争取自己想要的生活，也不会担心家里的土地荒芜了。土地确权与土地流转密不可分，土地确权保证了就算出门在外也不用担心土地荒芜，从这个角度来说，它直接促进了土地流转。土地出租是土地间的流转，土地流转还有其他形式，如土地生产合作社，自己不愿意出租给别人，可以将土地集中起来加入合作社集体生产。这样可以将零散的土地集中起来，进行更加大型的土地生产，合理利用土地资源，将大家有限的土地资源发挥出更大的作用。但在当下的陈村，仍然以自发性的土地流转为主，暂时还没有出现农业合作社这种规模性的土地流转。

2015年，陈村开始进行耕地确权，这是陈村的第一次确权工作，于2017年发放土地权证；2018年，开始宅基地确权，2019年宅基地丈量完成，还未发证。对于土地流转和确权，村委会成员反映：土地流转中还是会存在风险的，要是土地没确权，外出打工多年或者家里老人不怎么种地的，可能连自己家是哪块土地都不知道了。比如，有人在外打工挣钱后回村里准备收回土地，会发现自己的土地没了，为这事还发生过很多扯皮的事。土地确权是对土地流转的一种保障，不会出现找不到土地的情况。然而，大部分地方因土地流转不规范，如只有口头协议，没有书面合同，村小组在确权时没有与土地转出方沟通好，把土地流转行为视为转让形式，将转出方承包的土地确权到流入方。在这种情况下，土地流转后转出方可能就没有办法回收土地。

第二节　"小打小闹"的日常生活

大多数自发分散型的土地流转中，双方都没有签订正式的土地流转合同，而且流转土地面积较小，因此本书将这种土地流转称为"小打小闹"，将农户在土地流转后的生活状态描述为"小打小闹的日常生活"。在对陈村发生土地流转的家庭进行访谈中，可以清晰地看到村民们"小打小闹"的日常生活实践。

第五章 小打小闹与"黑"在城市

在家庭劳动力有限和外出务工收益高于务农时，村民们一般选择将土地流转出去，这样既避免了土地荒芜，又可以从流转中获得一部分收益。P女士的丈夫十多年前就去世了，她一个人将两个儿子拉扯成人，大儿子上大学后基本上没有向家里要过钱，主要靠自己与同学合伙创业、做兼职及各种奖助学金维持自己的花销。小儿子高中毕业后参军入伍，2018年结婚了。为了给小儿子操办婚姻，需要一笔钱置办婚房，这让P女士焦头烂额。因为P女士平时很勤劳而且人缘好，加上俩儿子比较听话上进，亲戚和村里邻居们纷纷掏出腰包借给其小儿子付了婚房的首付。如今，P女士在家照顾快一岁的孙子，但却表现出对种地的强烈愿望，用P女士的话来讲，就是"尽自己的力量去减轻孩子们的压力，土地一年到头或多或少的收益对家庭是一笔不小的补贴"。丈夫去世之后，P女士一个人无法种植家里的所有农田，再加上当时两个孩子都在上中学，正是花钱的时候，仅靠家里的农田收入难以担负起一家三口人的花销。于是，P女士在娘家人的帮助下南下进工厂打工，从事服装加工工作。家里的六亩田地无暇照管，于是转给了村里的另一个农户，当时达成的转出期限是10年，2019年已经是第八个年头了。

就在期限快到时，P女士遇到了麻烦。就在三年前，H市政府为了改善交通，加强与邻市的交流，开始动工建桥。当时，政府为了保护河堤和桥基，鼓励将农田改为林地，这本是值得河两岸民众欢欣鼓舞的事，但P女士家犯愁了。原来转出去的土地中，三亩多地是邻近河堤的，她承包出去的农地被改为林地种上了树苗，如今正是树苗茁壮成长的时候。可当时土地流转时双方默认P女士流转的是耕地，在政府政策的鼓励下，现在承包者将耕地变成林地，在合同期将满时不可能将林地退还成耕地还给P女士，而P女士现在希望在家时可以自己种那几亩地。她的大儿子咨询律师后也没有确切的办法，因为目前国家还没有出台相关的法律法规，自己家也不可能因为这事与村里人闹不开心，但心里更是觉得憋屈，现在就这样僵住了，还处于观望中。可以说，P女士虽然与土地流入方有过一纸约定，但上面记载的就是双方基本信息和承包期限及每年的租金，关于双方违约责任和土地性质等方面并未说明。如今是土地流转双方都没有安全感，P女士希望早日收回土地情愿少收两年的土地租金，流入方是希望在林木收获后再与P女士续约。由于当初流转合同关于土地使用内容的缺失和如今政策导向的变化，P女士这样的土地流转农户的日常生活中充满了不安，更是让自己的生活陷入不稳定的状态。

小打小闹的日常生活里，除了生计的影子外，还涉及与土地功能附之而来的各种保障。发生土地流转的家庭一般会选择外出务工、兼顾务工和务农或者处于非工作状态。务工是三种选择里获得收益最多的，非工作状态是收益最少、最不稳定的。陈村里不少的老年人和留守妇女往往就是第三种状态。处于非工作状态的农村家庭在没有务工或者务农收入来源时，他们最关心的便是自己的生活保障和养老保障。

从小妮的工作意向中可以看到土地流转后村民小打小闹的生活里有对养老保障的未雨绸缪。小妮是独生女，在湖北省一所普通高校读完四年本科后考入南方的一所大学继续攻读本专业研究生，即将毕业。因找工作，2018年寒假回家的第二天就急匆匆地准备去参加一所高校的面试。本科毕业时，小妮本可以找到不错的工作，但因为想让自己今后有更高的起点和升职空间选择了继续深造，父母对她的期望就是在省内找一份稳定的工作，然后嫁到离家近的地方。所以在2017年校园秋季招聘开始时，她便投入了求职的队伍，主要目标是国有企业，因为家里人一致认为女生找个离家近的稳定工作再结婚生子就是最圆满的事了。小妮也认为国有企业和事业单位有编制比较稳定。小妮的专业是公共事业管理，在找专业差不多对口的工作时，往往会遇到其他管理类甚至心理学等专业学生的竞争。小妮讲述自己的求职经历时带着一股懊恼，觉得将就业地域限制在省内甚至是市内让自己失去了更多的选择空间，但她知道父母的晚年生活就要靠自己来陪伴了，也顺从了家人对她的工作要求。

为了增加在家附近找到体制内工作的概率，小妮在投简历的同时也在准备国考。小妮家的土地几乎全部转让给大伯了，之前她家种过果树，主要是黄花梨。在小妮上大学时，父亲逐渐将果园地转让出去，认为靠果树赚的钱不够让一家人过得富足，况且女儿大学期间花销也不小，因此在转让后也选择了外出务工，跟着亲戚一起专门做房屋装修，赚了不少钱。由于父亲一个人的收入可以让一家人生活不愁，母亲就在家料理着门前的一块菜园，闲暇时与村里同龄妇女打麻将打发时间。因为家里的土地已经全部流转出去，小妮担心父亲年纪大了不能继续在外打工，返乡后也种不了田，父母养老的事情就落在她的身上。小妮说看着父母逐渐老去，家里仅有一个孩子，她越来越感觉到自己要多陪陪父母，想方设法在离家近的地方找工作。

在收到家乡一所工商银行的笔试通知后，小妮满心欢喜地参加了，但成绩不尽如人意，只有继续找。刚好这一天国考笔试成绩下来了，小妮考了110分，她沮丧地说要是没有120分基本没戏。小妮后来参加邻市一所高校辅导员的面试，觉得女生待高校是一份很让人羡慕的职业，不仅不用太操心，还有寒暑假陪家人，因此家人非常支持她去面试。但小妮说，那所学校只招一名辅导员，但面试的有10个人，全部是女生，而且好几个竞争者毕业的学校都比自己的好，还有2位本身就是那个市长大的人。小妮觉得此次又没戏了，但想到毕业答辩还没完成，就先缓一缓，接下来准备省考和地方事业单位的考试。从小妮的经历，我们能够感受到她选择工作时的焦虑及希望报答父母的一片孝心。尽管她可以在沿海发展得很好，但想到父母年老后没人陪伴，如何养老很让她放心不下。她父母没有购买养老保险，当时就想着靠土地来维持生活，但现在土地全部转了出去，父亲在城里攒了点钱，但这些都不是长久之计。小妮想在H市及周边找到一份工作，这样才可以从各方面照顾到父母。对小妮的访谈话题比较多，尽管直接涉及土地流转的内容不多，但作为土地流转家庭的一员，小妮明确的求职目标和曲折的求职经历，从侧面反映出土地流转后对农村家庭人生选择的影响，对养老问题的担心，希望在晚年生活里能够不再有对生活的担忧。

陈村的土地流转家庭中还有一部分是已经在城里定居不会再返回农村的。这部分家庭往往是在务工经商方面做得比较好，能够自己做老板，一般都拥有一定的经济资源和社会资源。这让他们有更多的底气离开土地，将土地流转出去对于他们来说是丢掉了一个包袱，这让自己有更多的时间精力从事非农业工作。但大部分的流转家庭在小打小闹的生活中并未想过完全脱离土地，相反会将土地作为一项保证生活来源的生产资料。

在陈村访谈时临近春节，这天恰逢 T 先生一家人回来过年。相对于其他在外务工人员的返乡时间，他们算是很早的了。在聊天中得知 T 先生准备过完年再去福建重新找份稍微轻松点的工作，所以并没有像其他务工老乡一样等到腊月二十几才匆忙回家。与往常相比，T 先生今年回乡这么早是意料之外的事，因为之前都是与大部分返乡农民工一样，在腊月二十六左右回老家，正月初八左右就又返回工作地了。这不仅是为了多挣点钱，还有就是不想轻易丢掉现有的工作，毕竟已有的工作已经干得很熟练，且是全家的收入来源。

T 先生跟妻子外出务工主要是因为家里的几亩地难以维持两个孩子日渐提高的教育费用。尤其在 2010 年，一儿一女同时考上省内的一所民办院校，这本是件令全家都高兴的事，但巨额的学习费用更是将两口子逼着外出打工挣钱。那一年，据说他们还向亲戚家借钱让俩孩子分别上了一个专科类的院校。之后，两个人老得特别明显，回家也是一脸的沧桑与憔悴。T 先生和妻子特别能够吃苦耐劳。外出务工前忙完农活后，T 先生会跟着村里的熟人做一些木工活，妻子则会到附近的农场帮忙做农活，如摘棉花和播种黄豆。后来，不仅孩子的教育要花钱，村里陆陆续续盖起的新房子也给 T 先生一家带来巨大的压力。如今，俩孩子已经工作多年，新盖起的两层楼房也有了四五年，

第五章 小打小闹与"黑"在城市

对打工也似乎并不在乎了,因为对于他们来说,没有比孩子的婚姻大事和子女抚养更大的事了。T先生的儿子准备2019年年底结婚,在儿子成家后,老两口就准备在家带孙子。谈到带孙子时的生活来源时,T先生很自然地就提到了家里还有几亩地,现在还可以下田劳作,用来作为自己的生活来源不成问题。外出务工前,T先生的土地是交给了自己年近70岁的母亲来打理,主要种小麦和黄豆,因为这两种作物不仅时间不冲突,更重要的是可以出钱请人工劳动力和机械化来操作。T先生的母亲每年最忙的时候就是张罗着田间的播种和收获,"别人给你家播种干活,你就要好好地招待别人",这是T先生说的。他母亲也是在一年的夏天里给田间劳动的帮工送西瓜时昏倒在路边,据说是天气太热中暑了。此后,T先生家的土地便转给了弟弟来耕种。他弟弟因为孩子还在读中学,加上妻子是村里一所小学的教师,为了陪伴家里人没有选择外出。由于土地是给自家兄弟耕种,当初根本就没想过说要租金或者实物作为报酬,总觉得弟弟帮自己耕作田地和照顾母亲很不容易。T先生的弟弟每年都会给T先生家打扫卫生和晾晒衣被,并在春节前置办年货时也为T先生准备一份。这不仅是兄弟之间的感情,也算是对耕种他人土地回报的部分收益了。"之前觉得种地太苦,现在回来后倒想念种地的日子了",T先生开玩笑说。要是找不到轻松点的工作或者准备抱孙子了,他和妻子就回家收回土地,维持日常生活绝对有余,每年就种一季小麦和黄豆,并且都是机器耕作,轻松自由。

陈村小打小闹的日常生活里除了土地转出方的各种滋味外,还有土地流入方的各种状态。当然,在自发性的土地流转中,土地流入方并不是完全意义上的承包方,只是土地流转的接收方,因为他们之间的流转没有正规的程序和方式,也不具有一定的规模。

H女士一直被认为是村里的能人,她不仅保留着自己的土地,还种了其他农户的很多土地,有自己姊妹的,有村里抛荒的,反正能种的都种上了。在没有打理这么多农田之前,H女士与丈夫除了耕作自家的田地外，常年在家经营着面食品加工的生意。尤其是从端午开始，H女士家就会现做现卖当地端午的必备食品。端午过后，他们家会做各种烙饼之类的，因为当地的夏季饮食一般偏向于稀饭之类，面类食品也是每家每户饭桌上不可缺少的辅食。"夏季天热，干完农活吃不下东西，端起一碗稀饭咕噜咕噜喝下，再来份烙饼和蔬菜，不仅解暑还扛饿。"H女士这样解释道。但这个生意由于村子的地域限制和烙饼的季节性并未扩大规模。

随着外出务工人口增加和政府对蔬菜种植业扶持的重视，H女士逐渐回归到土地种植上。H女士的姊妹们基本上是因为在小镇上务工或个体经营，将土地给她耕作，另一部分抛荒的土地也是从H女士关系特别要好的人那里免费流入耕种的。H女士的弟弟现今是村里的村支书。在他的引荐下，H女士的丈夫还在镇里谋了一份环卫托运的临时工作，即开着环卫车每天将各个居民点的垃圾运往集中处理点，每月可以拿到近1000元的工资。但是家里农忙时，丈夫不仅要忙日常的托运工作，还要在大早晨或者大晚上打理田里的农活。

承接大块小块的土地后，H女士主要是靠自己耕种，他们希望可以多给孩子攒点钱，好让他们在城里落下脚，只有实在忙不过来时才会请其他农民来帮忙。H女士家主要是种花菜，这主要依托当地政府的支持修建了一所大型私人冷库。前几年花菜价格好时，一季的花菜收入可以比得上普通农民一年的收入。此后，花菜的种植面积扩大，销路也是当地政府不断关注的民生话题。播种花菜时，H女士会先打探一下冷库的运营情况，因为当冷库库存较满时，商家会压低花菜收购价格减少库存成本，过了收获期的花菜也失去了它的价值而被农民当作杂草除掉。这是当地菜农特别担心的事。

H女士了解行情后就会在选择花菜种子时注意偏重哪一周期的花菜种，当然这也不是完全有把握的，毕竟市场行情变化太快。H女士说人老了，丈夫打工也辛苦，这些年自己的腿走路多点就会酸疼，丈夫的高血压也是越来越严重，经不起折腾了，准备逐渐归还不属于自己的那部分土地，接下来连自己家不到四亩的土地也没有精力耕作了。不过这样也好，丈夫也不用那么操心，自己还可以有更多的时间带孙子，而自己马上就可以领取每个月1000多的养老金了，可以保证夫妻俩的基本生活。可以说，像H女士这样的土地承包户在土地确权完成前已经明显享受到土地承包经营带来的收益。土地确权的进行让土地重新回到原有土地主人的手中，土地流转与否成为需要农民重新权衡的话题。

第三节 是回老家还是"黑"在城市？

土地曾经是给农民带来稳定收入的保障，流转出去后就意味着要寻找新的工作机会。陈村土地流转后的家庭大部分是选择外出务工，一部分会兼顾务农与务工，极少一部分处于无业状态。对于进城务工的农民来说，城市拥有比农村更多的就业机会和更高的劳动收入，城市的丰富生活方式也逐渐影响着进城务工者。他们所挣的工资除了维持家人的基本开销外，还有一部分是对老家房子的改造。在陈村，那些早年外出务工的农民家庭基本上都盖起了两层的楼房，就连屋内的布局和摆设也开始模仿城里，屋子客厅里有沙发，房间里设卫生间，新铺设的地板闪闪发亮。他们主要是春节期间在家住上不到半个月，用自己的话讲就是回来"住酒店"的，毕竟平时工作忙，也舍不得租好一点的房子，把家里装修好，让自己回来享受一下度假的感觉。

随着越来越多的村民进入城市寻找就业机会，就业竞争和压力都大，再加上农民本身的素质、技能都比较差，也有村民出现无法融入城市生活和难以找到工作的现象，只能回到农村。他们已经把属于自己的土地全部向外流转，外出务工。回来以后将面临无地可种的情况，这时农民可能会与流入方产生冲突。土地转出方的年龄在35—50岁，文化程度在初中以下。在竞争激烈的城市中，他们有随时失业的风险，如果回到农村后又处于无地可种的状态，迫于生活压力，对双方的经济都产生极大的影响,并且对社会和谐以及经济稳定都不利。

对于土地流转后进城务工的家庭,在城市打拼多年后是选择回老家还是"黑"在城市是一个值得深思的话题。回老家就是返回农村的生活环境,继续在外出务工之前的地域长期生活。这里的"黑"包含多个意思。一方面,是形容我国城乡户籍制度的存在,农民哪怕是在城里定居下来,因为户籍限制而无法享受到市民的相关福利待遇,在生活行为方面看来是城里的一员,实质上依旧是农民的身份,相当于是城市人口里的"黑户";另一方面,隐喻了农民工劳动的苦与累。陈村主要的男性劳动力一般都是家里的经济支柱,巨大的生活担子担在肩上就意味着需要挣更多的钱,对于没有高学历和一技之长的农民来说,依靠体力工作的建筑行业和矿藏行业成为他们的首选。陈村有部分壮年劳动力在湖南和山西的煤矿务工,由于长期暴露在太阳之下或者成天与矿产打交道,他们无一例外都有一身的黑皮肤。那么,他们在进城务工多年后,是选择回老家还是"黑"在城市呢?

Q先生家是村里人比较羡慕的家庭,女儿是村里为数不多读到硕士研究生的孩子之一,儿子正在一所私立高中上高二。在村里不少人选择外出打工或者结婚相夫教子时,Q先生坚持让子女接受当地最好的教育,希望孩子读好书以后可以选择更好的生活,而对教育的高投入基本上是Q先生用体力和脑力打拼出来的。起初Q先生与妻子守着自家的6亩农田,虽谈不上富足但基本生活不用愁,后来孩子开始上学,Q先生认为需要为孩子提供更多的教育资源,但只靠仅有的土地不会明显提高收入。

一次,Q先生到湖南探望亲戚,那家亲戚是挖煤的包工头,说可以介绍Q去挖煤。当时Q并没有下定决心外出干活,因为他还打算承包村里的一片鱼塘。回村后,Q开始四处打听鱼塘的承包事项,为承包鱼塘做资金、手续和人情的准备。可在几个月后,那片鱼塘被承包给了另一个农户,据说该农户早就跟村委会打过招呼了。承包鱼塘没有成功让Q郁闷了好几天,但郁闷解决不了问题,他想起湖南亲戚的建议，便一个人打包好行李在亲戚的引荐下开始在煤矿工地干活。在工地干活比在田地里干活都累，不管天晴还是下雨，为了赶工程进度，工人们白天连轴转，有时候晚上也会挑灯干到半夜。工人们来自不同的地方，大家有不同的方言和生活习惯，但无一例外的是有一身晒得发亮、黝黑的皮肤。干完两个月后，Q拿到的工钱总数相当于自己务农时一年的收入。感受到务工来钱快的Q先生想到的第一件事是让村里更多的同龄人加入。大家不仅可以一起挣钱，出门在外还可以相互照应。

最初在Q的劝说下只有两个与Q关系特别要好的人同他前往工地，接下来的两三年陆陆续续有七八个同乡随Q往湖南煤矿一起干活，大家就是看到了煤矿干活的高收益。于是，Q先生等人组成了一个挖煤的团队。Q将家里的土地全部转出交给亲戚，把妻子也带在身边为工友们做饭洗衣，不仅可以让工友们安心干活，还可以获得一份工钱。尽管工地工资高，但一旦遇到煤老板拖欠工资或者卷钱逃离的情况，工人们的辛苦工作就打水漂了，甚至是断了家里的经济来源。Q的团队有一次遇到过这种情况，大伙欲哭无泪只能眼睁睁地受这口气，而Q觉得是自己带大家出来的，自己也有责任。从那以后，Q开始自己在建筑工地拉工程，因为规模小、没有资质，他的团队只能接受一些边边角角和收尾的工程，但至少是少了包工头这一层，让工友们的工资多了一些保障。如今，Q已经在工地上干了快20年，已经拥有了稳定的工人团队。尽管该团队平均下来没有其他建筑工地上挣得多，但Q先生诚实守信的品质让很多村民工友坚定地跟随他。近20年的时间里，Q夫妇的头发已经白了一大半，皮肤粗糙而黝黑。"一到夏天，大家光着膀子在阳光下干活，黝黑发亮的皮肤就像刚出炉的美食，如雨点般滑落的汗珠将这身皮肤涂抹得更加光滑善良"，Q先生这样自嘲道。他的女儿非常孝顺，每次回家都会给母亲买一些护肤品和化妆品，但Q妻子并未使用。她说这身皮肤是保养不起来的，在工地上抹这些既浪费时间又会很快被汗水和雨水冲掉，完全是浪费钱。

"黑"在城市是众多在建筑工地干活的农民的工作状态，因为工地工资比种地收入高，所以很多土地流转家庭的中年男性会选择去建筑工地或者煤矿打工。众所周知，建筑工地和煤矿挖掘不仅是一项体力活，而且是高危行业。务工者在劳动中因工负伤致残后，因为没有意外伤害保险和劳动保险，也让他们的安全无法完全得到保障。

"黑"也涉及他们的身份状态。进城务工多年后，大部分的农民会返回农村继续晚年生活，也有不少劳动者直接定居在城镇，成为市民。L女士在8年前与丈夫和儿子来到H市，在该市的一所中学旁开了一家文具店。因为儿子在那个时候考上了市里的重点高中，夫妻俩为了更好地照顾孩子的生活和学习，便在学校旁租了一间门面做起小买卖。在陪读的一段时间里，夫妻俩觉得文具店的收益很不错，便盘下了这家店铺，一楼做生意，二楼居住。10多年过去了，儿子已经在湖北省会城市定居，夫妻俩已经习惯了这种守着铺子做生意的生活。文具店的生意虽不如往常，但由于没有房贷压力，夫妇俩依旧可以在H市里生活得满足。L本来有自己的土地，到H市后就将土地租给了村民，当初的价格是每亩每年50元，随着物价的不断上涨，如今增加到每年200元的租金。L表示自己其实也不在乎这点钱，但作为陈村的一员，自家每年都按时缴纳各种费用，况且如今农村土地这么紧俏，适当收点租金也是理所当然的事。儿子进入大学时，L就反对将户口迁移到学校，因为L听说农村户口比较值钱，有户口就有土地。土地确权开始实施时，L想在H市转为市民的想法是可以实现的，但因为难以放弃农村的土地和宅基地而依旧将户口放在陈村。L夫妇完全按照陈村的标准按时缴纳新农合和农村养老费用。尽管还没达到领取养老金的条件，L已经开始担忧自己的养老生活了，说"生意越来越不好做，我们年纪也越来越大了，到时要是靠这个养老金在市里生活恐怕有点难，H市居住环境和消费水平都高于陈村，但自己已经在城里买了房子，就准备在城里生活下去"。

第五章 小打小闹与"黑"在城市

随着经济的发展，越来越多的农村劳动力流向城市，作为城市化建设的一分子，能够在城里安家落户也是不少农村家庭的选择，尤其是已经在城里买房的家庭。在国家不断提升对农村发展的支持力度时，农村的各种社会保障制度也不断健全和完善。尤其是惠及每一户百姓的新型农村合作医疗，解决了"看病难、看病贵"的难题。但在城乡一体化的建设中，城市与农村的各项保障还是存在不小的差距。

L女士生活在城市，只能享受到农村的保障待遇，尤其是平时的就医买药，需要到村卫生院或者镇上医院才能够享受到较高的报销比例，这给自己的城市生活带来不便。用L的话来说，就是"黑"在城市，明明别人都以为自己早已就是H市的市民，可自己依旧是陈村的户口，享受着陈村的待遇，就如外乡人一样生活在城里。尽管新出台的农村土地承包法明确说明不得以放弃农村土地为条件才能转为城镇户口，但刚出台，落实下来还需一个过程。

小打小闹是土地流转后依旧生活在农村的农民的生活状态，"黑"在城市是土地流转后进入城市的农民的生活状态。然而，这两个状态并非绝对的。若在城里"黑"不下去了，大多数的农民会选择回农村，希望继续小打小闹的日常，可这些并非能够轻易转换的。

对于Z女士来说，春节回家最开心的事就是和亲戚朋友聚在一起打麻将。因为平时在厂里除了坐着还是坐着，Z在福建某皮鞋加工厂工作差不多15年了，哪怕厂里效益不好不加班时，Z也是在出租房里休息。即使想打麻将也找不着人凑一桌，因为租住的地方没有特别熟悉的人，大家基本上都是早上七点多出门，晚上加班到十点左右回休息的地方，平时根本找不着碰头的机会，唯一的消遣方式便是捧着手机追剧和玩游戏。Z回家第一件事不是张罗着置办年货，因为年货姐姐已经帮他们准备好了，就是在微信里和亲朋好友们约着哪一天到哪一家相聚，一来是拜年，二来是为了自己的小愿望——打麻将。

在工厂工作的这些年，Z唯一在乎的是自己每个月拿到多少工资，对鞋厂的保障待遇并不关心。她说本来厂家是说要给她们买五险的，但Z和很多人觉得少买或者不买可以拿更多的工资，所以她只缴纳了医疗保险，因为生病无法避免。Z觉得自己还年轻，不用担心其他保险，就想着趁年轻多打几年工多挣点钱，等子女成家立业后，在家干干农活、打打麻将就可以了。Z夫妇对打工的狂热可以追溯到15年前，那时Z的儿子刚刚3岁多，女儿在上小学，两口子老老实实在家干农活。生活虽然满足了，可一家四口再加上婆婆共五口人，居住在一个只有两个房间的老旧瓦房里。Z夫妻想改变现状，希望至少可以让一家人住得舒服，于是下决心到福建，开始了漫长的打工生活。

七八年后，Z家就盖起了两层的楼房，一家人终于不用挤在老房子里了。这让Z觉得当初脱离土地进城打工是正确的选择。后来，女儿中专毕业后也去福建工厂里打工。女儿学的酒店管理，但Z丈夫认为在沿海酒店工作不如在工厂打工踏实。不到20岁的儿子，在南方从事蔬菜采购的工作，Z对他的期望就是在外面熟悉各项流程后回家乡创业，因为Z听说村里的冷库生意做得越来越红火，儿子的蔬菜采购以后刚好可以利用村里的冷库，说不定自家就可以开办一家呢！

Z家的土地一直都免费转给邻居家耕种。这十多年里，Z没有找邻居要过一分钱的租金。虽然说名义上是自己的，但土地依旧不在自己手里，Z想收回来短期流转出去，这样到时自己无法在外打工了可以回来继续农田劳动，农忙时干活，闲暇时打麻将，更重要的是可以为儿子以后的冷库贡献货源。可如今面临自己的土地收不回，邻居家早已将自家农田转手多次，现有的土地管理者要么找不到要么不承认，这让Z很苦恼。Z期待确权证早点拿到手，这样就可以理直气壮地将土地收回来。

第四节 土地流转风险的多元化

众所周知，所有的事情都是利弊一体的，土地流转也不例外。土地流入方通过规模化和技术化种植，提高了土地利用率，避免了土地资源的浪费，也增加了自己的收入；转出方也从土地中解放出来，外出务工从事第二、第三产业，增加了自己的收入，使陈村的经济结构得到优化。还有一点就是，通过土地流转的方式可以使土地大规模使用，生产得到大规模发展，促进农业发展中大规模实现水利化和机械科技化。当然，在自发性土地流转之后，我们看到了土地流转带来的利益，也应该关注土地流转带来的问题。通过调研发现，陈村的自发性土地流转还存在一些明显的问题。

一　土地流转不规范

目前，陈村土地流转一直存在这样的现象：农户之间土地经营权的流转以口头协议为主。在接受访谈的100户农户中，存在土地流转的农户为93户，但是签订正规流转合同的农户基本上没有。尽管我国农业农村部对于农村土地承包经营权流转已经有了明确的规定，但大部分农民并不清楚土地经营权的流转手续，各项规定和内容都不明确。这不利于管理和权利义务的实施，也会出现流转纠纷。这种自发性、分散性的土地流转主要集中在亲友和邻居之间，传统的生活习惯和交易方式并未让正式的书面流转合同被广泛接受。

当初流转土地时，很少有人将此事当作一种民事行为，而是自然地认为是亲友邻里之间的帮助。当一部分农民打算回收自己的农田重新流转经营时，并不能顺利地收回。就如村委成员介绍的一样，甚至有家庭在外出20年后回乡，都找不到了自己的土地。陈村土地流转不规范，不仅表现在没有规范实施农村土地流转合同，而且表现在土地流转监督也不完善。因为陈村土地流转起步较晚，所以对土地流转的监督管理不够重视。而且，管理和监督措施不到位。一方面，陈村农民由于比较缺乏相关知识，他们不太清楚土地流转的政策和法律；另一方面，是陈村本身对于土地流转的宣传力度不够，再加上没有专业的人才和机构对土地流转过程进行监督管理，导致陈村土地流转不规范。自发性的土地流转因为属农民之间自愿的交换或者委托行为，并没有明确的规则措施对其规定,因此也未得到村委会的重视。

这种流转的不规范还表现在以下几个方面。一是承包与流转合同存在代签行为。少数村的干部代理外出务工农户、有些没有文化的农户和一时因事不在家的农户签承包合同,致使承包合同失真。二是经营权证填写不规范。有的因承包土地零碎化,只登记了几块面积较大的土地,有的面积不准,还有存在"一地两证"的现象。[①] 2004 年二轮延包确权颁证工作没有完全到位,致使 1998 年颁发的土地承包经营权证无法收回废止,造成"一地两证"。有的地方确权颁证工作未开展,有的地方按税费任务分摊面积,填写承包合同和经营权证,放在村委会或村小组未发放到户。乡镇干部对土地确权认识不统一,也是一个问题。[②] 实际上,在土地确权工作中面临诸多问题,眼前收益不明显,有的干部担心工作中产生矛盾纠纷,影响农村稳定;干部心存困惑,认为重复了之前的工作;还有的干部认为土地确权后会增加政府未来可能主导的土地流转、空心村整治和新社区建设等具体工作涉及的土地征收等工作的难度。这使乡镇干部对土地确权的认识不统一,产生了观望拖缓的心理,影响了土地确权更好地推进。在湖北省 H 市陈村的访谈中,有些村民就是不理解土地确权工作,也没有对土地确权产生心理感知。针对土地确权中出现的问题,应该采取一些方法策略来应对,如拓展宣传渠道,广泛征集农民意见。

二 土地流转的纠纷增加

陈村土地资源是有限的。但是随着社会的发展,陈村的总人口在不断增加,农民的物资生活需求也在不断增加,单单依靠有限的土地资源收入已经供不上需求,越来越多的农民选择外出务工。在访谈的

---

① 关锐捷、李伟毅:《以农村土地确权促进集体产权制度改革》,《毛泽东邓小平理论研究》2015 年第 1 期。
② 康芳:《农村土地确权对农业适度规模经营的影响》,《改革与战略》2015 年第 11 期。

存在土地流转现象的93户农民中，因外出务工选择把土地流转出去的有81户，占总访谈对象的83%，因为其他原因如年龄、家庭和身体健康等进行土地流转的占12%。

据村民反映，农业税取消前，很多家庭开始外出务工，村里的农田一片一片开始抛荒。九组的D家兄弟自发地将这些抛荒的土地集中起来，率先开展机械化耕作。起初农民并未在意，想着反正也没人耕作，却不想在一年多以后就取消农业税了。D主动说给这些农田的农民每年补贴取消农业税之间的税费，这对于务工的农民来说是再好不过的事。一方面，他们基本上已经找到稳定的打工场所，所得收入高于在家务农；另一方面，由以前的交费变成如今的收费，虽然费用不多，但也是一种收入，因此土地依旧被D管理。如今，土地确权开展起来，农民拥有对土地的使用权、承包权和经营权，况且村里鼓励合作社和家庭农场经营，部分农民想收回土地，可D不答应，直接引用法条说第一轮承包期限为30年，自己耕种并未满30年。部分农民觉得D霸道，说当初并未承包给他家，也没有证据说明自己跟D是签订了承包合同的。另一部分人觉得D说得有道理，当初确实是自己承认或者默认D的这种承包关系，只是每亩土地补贴的费用太低。总之，D家不归还农民的土地，因为这事也与很多村民闹过矛盾。土地流转的对象一般都是关系比较近的村民，所以对于土地流转都是口头协议，并没有正式签订合同，这样的流转方式带来的纠纷也是最多的。例如，土地流转后是否有种植、约定的租期和土地使用性质、土地的好坏、约定应付的租金或者相应的物资等，一旦处理不好，不仅会带来经济纠纷，而且对社会的和谐稳定也不利。

三 土地流转的期限不稳定

由于农民工本身的素质不高，在外务工从事第二、第三产业的收入不稳定，并且可能出现难以融入城市的问题，所以很多农民并不是特别放心土地流转，害怕失去土地。他们在城市生活不下去或者是万

土地流转后农业经营主体的风险与保障

不得已的时候，还是要回老家种地来获取经济收入保障基础生活。所以，很多农民对于自己所属的土地是通过短期向外出租的方式来流转的。通过调查得知，短期出租流转的土地面积共为315.22亩，在总流转面积中占比46%；85%的农户能够接受的出租期限为一年，能够接受三年及以上的只占3%，并表示希望在土地流转的期限内可以改变流转条件，甚至是随时终止流转。

一方面是农民的恋地情结，另一方面则是由于其他的不确定因素，如在外务工的农民突然失业，或者因身体原因不能继续在外务工等，这些都导致陈村土地流转期限不稳定，进一步导致土地流入方没有时间和心理上的保障，无法对土地进行充分的改造利用。土地流转在陈村的发展受到了阻碍，对农业的发展也有一定的影响。由于没有签订正式的土地流转合同，流转期限也并未约定，很多农户流转土地时就想着先让他人帮忙管理。这基本上是大家的共同想法，但对土地流入方造成了不便，尤其是种植一些周期较长的作物，前期管理都是基础，如种植果树等。况且，多年的打理已经跟土地产生了感情，哪能随时归还土地。

四　在家务农的老龄化现象严重

通过对调研结果进行分析，可以发现30户土地流入方的年龄均在50岁以上，68户土地转出方的年龄在35—50岁，可见在家务农的老龄化程度已经很高。由于老年农民不太接受和重视新技术，不愿意投资，也不太愿意调整产业结构，并且由于他们年龄较高，身体容易出现健康状况，这些因素都导致陈村土地流转和农业发展缓慢，很有可能引发其他社会问题。

X女士已经60多岁了，她在2000年左右就陆陆续续打理亲戚家的土地。X女士丈夫家有三个弟兄，她家排老大，两个弟弟和家人都外出打工。当时完全没有意识到土地流转，X女士只是觉得弟弟家的土地荒芜了可惜，就将两个弟弟的土地擅自开垦，总共加起来十多亩。农业机械化在2000年年初还是少见的，一般都是临近稻谷或黄豆收获的季节，邻市会有收割机队伍经过此处，若是有种田大户就会在此时此处等候并与收割机队商议收割事项。X女士将这十多亩的田地都用来种植棉花，因为她想着一年只种一季作物，就选择了经济价值最高的棉花，虽然苦点累点，但只是播种、栽培和收获的那一阵子。X女士说每年棉花播种的时间自己会瘦十多斤，在田地休整期时自己又会增加十多斤，因为种棉花太辛苦了，除了棉花播种和移植外，还要在大热天里给每一株棉花苗捉虫子，更别提要在阳光最充足的中午采摘棉花了。打理农田的前几年，棉花的收益全部归X女士，X女士家也比同村的农民更富裕，家具、电器早就焕然一新。X女士有一儿一女，女儿已经远嫁，儿子在广东开起了一个模具厂，规模不断扩大，已经在深圳买房定居。

X女士和丈夫继续打理着这些土地，但明显感觉到力不从心。X女士说，之前再辛苦总觉得过了忙的那段时间就可以休息大半年了，如今真的干不动了。X女士也想过雇用农民播种、移栽和收摘，但除去这些工钱后所得收益减少了很多，若多种几季农作物或者其他作物，那不仅自己会一直操心着如何请工、安排各亩土地的耕作规划，还会遇到市场收购价不稳定的局面，甚至有时候小麦卖出的价格连本钱都收不回来。X年纪大了，子女又不可能回村帮忙，眼看着有土地都荒芜好久了。X女士说实在不得已只得将土地还回去或者转让给其他人，这样自己的收入会明显降低，可这是没办法的事，毕竟年纪大了经不起折腾。

自发性土地流转的问题可以被清晰地感受到，若再探究，还可以发现自发性土地流转后也会给农村家庭和社会带来一定的风险。

（一）社会稳定风险

一方面，在城市化建设中，由于不确定的因素，陈村农户不能选择农村土地的补偿收入，这一现象致使陈村失地农户不能取得生产和生活的保障。由于土地大规模地流转，陈村大批农民到城市创业与谋生，如果这些人得不到应有的社会保障，他们的情绪就可能被激发。调查发现，访谈对象在回答风险与保障问题时有明显的支支吾吾，或许是访谈对象的性格使然，但不可否认的是，作为农民工在城市打拼，不可避免会遇到上述问题，因此对该城市的社会稳定必然有着影响。农民如有遭受不公平的待遇，他们一般会压制自己，担心在翻看往事的过程中情绪再一次地被激发。通过向其家庭成员侧面了解，得知周大妈的小儿子冰冰在邻市的工厂因为工伤缺了一条胳膊，由于没有购买保险，老板既不愿承担责任又不想因此事影响自己的生意，便私下塞了不到十万元钱希望就此解决。据说这笔钱是周大妈的另外两个儿子多次去老板工厂闹事才拿到的，但周大妈的小儿子以后就只能靠一只手臂生活了，有时候生活都需要人帮忙，更别提找工作了。"黑"在城里的生活也充满各种不确定，一旦发生意外若得不到妥善处理，不仅会让农民处于更加弱势的地位，更可能埋下不满的种子，不知何时何地会爆发。另一方面，对于陈村来说，由于土地流转的不规范性、土地流转纠纷现象的存在、人口老龄化现象以及其他因素，一旦这些问题爆发，势必对陈村的社会和谐、稳定和发展产生负面影响。

（二）生计保障风险

土地流转出去的农户，意味着离开了最基本的生产资料及家庭收入的稳定来源；生活方式的转变，致使家庭的食品消耗主要依赖市场购买，收入来源主要依赖非农收入。非农收入是波动的、不稳定的。有研究认为，我国农民的农业外收入主要来自手工揽活，如木工、油漆工、外出打工和饲养、加工等非农产业。从事手工揽活的农民一般以个人或自发组成的临时性团队为主接活加工，一般不进行市场宣传和搜集市场信息，基本上属于被动经营，因此，手工揽活收入具有不稳定性。陈村外出打工的农民普遍文化水平不高，劳动技能不强，所以可能无法找到工作，或工作不稳定，即打工收入是不稳定的。总之，多种因素致使农民的非农收入只能是暂时性收入，即预期的持久收入是波动的、不稳定的，即土地转出农民取得的租金等收入，并不足以抵偿他们放弃土地后的家庭维系成本。一旦农民无法赚到维持家庭正常运转的收入，不仅会威胁家庭持续生计，而且家庭支付危机可能会转化为生存危机。因此，波动的、不足的预期收入，使得农户不会放弃耕地。就目前情况而言，土地是其生活、就业、养老等多方面的安全保障线，是家庭的退路。实际上，土地赋予农民较强的社会保障功能。[1] 如果将土地全部转出，就可能面临生计保障的风险。

（三）心理安全风险

自发性土地流转后农村家庭的风险，不仅表现在生计风险及其扩大化的社会稳定风险上，还有不容忽视的心理风险。不同主体有不同的心理风险。一方面，是土地转出后进入城市从事非农业工作的农民，他们主要的停留地点就是工厂（或工地）和出租房，主要的时间和精力都投入工作挣钱上。强大的工作压力和长期的背井离乡，又没有合理的情绪宣泄途径，会给他们带来心理上的压抑，若再遇到工作和人际上的矛盾容易引发心理危机。

另一方面，是那些土地流入后留守村里的农民的心理适应，这部分农民因年纪较大无法胜任农业劳作。中国农村的社会关系网络呈现费孝通所说的差序格局，当同村的人口向外流失或者同辈群体数量减少时，一种无依靠感和落魄感油然而生。这种感觉对于留村的老年人尤其是无子女或者子女长期不在身边的家庭来说更为强烈。比如，村里有一位年纪大无法种地的"五保户"农民，本来是按照村里的安排进入福利院养老的，但进去住了不到半年就坚持要搬出来，强烈要求就在自己之前住的地方附近盖个小房子。尽管这样做使得自己每年的"五保户"补助金降低了，但他觉得没有了土地不习惯，更何况改变了生活环境，让他难以适应。

---

[1] 王银梅、刘雨潇：《从社会保障角度看我国农村土地流转》，《宏观经济研究》2009年第11期。

在关于社会保障的法律法规中，对人们的精神需求并未具体说明。随着经济的发展，农村劳动力的大量流动及人口老龄化的极速增加，精神需求不得不被提上立法日程。同样，土地流转后农民的心理需求对养老保障的重要性也未引起重视。土地流转后到城市生活家庭的社会适应也是对其精神压力的一大挑战。这些都是当前土地流转后农民不容忽视的心理风险。

自发性的土地流转相对于农业合作社、股份合作、家庭农场等规模性土地流转，似乎是一种处于边缘性的土地流转方式，但这在陈村一直存在。将陈村这种自发性和非正式性的土地流转称作小打小闹，描述了他们土地流转后的生活状态及内心想法。土地流转后，基于收益的考虑，绝大部分农民选择进城务工，成为"黑"在城市的人。"黑"既是对他们身份状态的隐喻，也是对他们在城市生活状态的表达。

可以发现，陈村这种自发性土地流转中存在一些问题，涉及土地流转不规范和流转纠纷的事情，也能够窥探土地流转后农村家庭的一些风险。相关部门应该重视这种土地流转方式及其随之而来的风险，从而顺利稳妥推进土地流转，促进农村快速稳定发展。

第六章　土地流转后农业经营主体的风险与保障

党的十九大报告中，习近平总书记明确提出实施乡村振兴战略，努力实现"产业兴旺、生态宜居、乡风文明、治理有效、生活富裕"的总要求。乡村振兴五个方面的总要求是密切相关的有机统一体，贯穿到2050年乡村全面振兴，农业强、农村美、农民富的整个过程中，每一方面对乡村振兴都至关重要。[①] 乡村振兴，产业兴旺是重点。无论是李村的合作社抑或纪山镇的股份合作，土地流转的目的都是农业规模经营，发展农业产业，从而更好地对接乡村振兴。

前面已经详细分析了土地流转后不同类型农业经营主体的风险问题，接下来从整体上总结两类主体的风险在哪里、为什么会存在风险、如何应对风险并构建社会保障机制。下面从经济风险、社会风险和政治风险等维度来总结农村家庭土地流转后的社会风险状况，在此基础上探讨农村家庭土地流转后风险存在的原因。最后，根据调查结论构建社会保障机制，主要从行政、经济、服务、精神保障等层面探讨农村家庭土地流转后的社会保障状况，寻找提升土地流转后农村家庭社会保障的新机制。

---

① 郭晓鸣、张克俊、虞洪、高杰、周小娟、苏艺：《实施乡村振兴战略的系统认识与道路选择》，《农村经济》2018年第1期。

第一节　风险何在？

有研究认为，因为气候环境、地理资源的不同，土地种植与自然环境之间的紧密关系，人类对现代化的推进等都将派生多种环境灾难。在气候多变的情况下，自然风险随时可能发生，并对农民的生产与生活带来不可抗力，从而造成经济损失。此外，除了自然风险与经济风险的叠加，也可能出现自然风险、经济风险、政治风险、社会风险等多重风险在同一点上爆发的现象。[①] 土地流转后，新型农业经营主体与土地转出的普通农户都会面临风险。尽管普通农户在流转土地的同时也相应转嫁了种地可能面临的经济风险，但他们面对的极有可能是失去土地的风险。图6-1说明本书中土地流转后农业经营主体面临的共同风险。

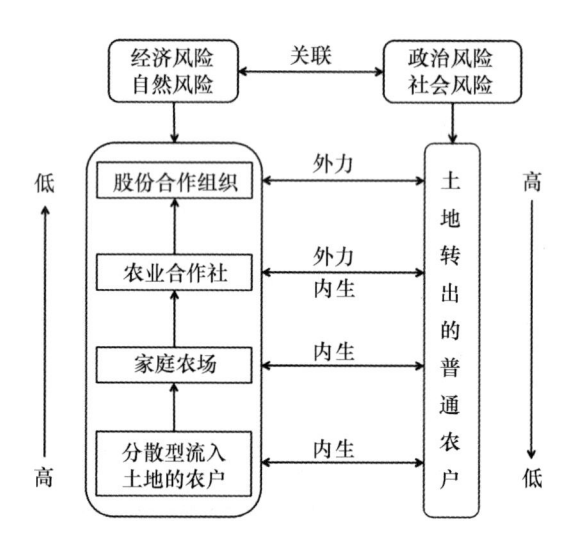

图6-1　土地流转后农业经营主体风险

---

① 温铁军、刘亚慧、袁明宝：《创新农地金融制度》，《中国金融》2018年第10期。

第六章 土地流转后农业经营主体的风险与保障

一 新型农业经营主体面临更多的经济风险与自然风险,土地转出后的普通农户可能遭遇更多的政治风险与社会风险

新型农业经营主体规模化流入了土地,也不可避免地流入了难以克服的一系列风险,如市场价格波动可能带来的经济损失、不可预见的自然灾害损失。调查的诸多家庭农场中,小会是养猪的,他流转的土地中种植果树,然后在果树下套种猪草,2018年因为价格波动就损失了好几万,据说毛猪2.5元/斤的时候他忍住没有卖,两个月之后猪贩子给的价格陆续下跌,后来小会不得不以1元/斤的价格卖出去。小会觉得最为郁闷的是2019年的猪瘟,导致他养殖的猪全部被宰杀掩埋,可以说是血本无归。现在,小会已经离开老家,将之前流转的土地退还给农户,自己家里的部分田地抛荒,去省城打工了。当然,小会的遭遇只是新型农业经营主体的缩影,几乎所有的新型农业经营主体都不可避免地存在经济风险。因为无论流入的土地是否已经收益,他们都需要给土地转出的普通农户交付土地流转的租金,同时承担洪水、干旱、瘟疫等无法预见的自然灾害。

土地转出后的农户分为全脱农与半脱农两大类型。全脱农的农户是指土地全部转出去的农户,他们全部流转自己的土地。一种是家庭成员均无劳动能力,需要有人托管或者耕种自己的土地;另一种是在城市里有稳定的工作,暂时不依赖土地的收入,有能力在城市立足生活。半脱农的农户是指土地部分流转的农户,他们的家庭一般是半工半耕型生计模式,如老人、妇女在家里种地,男人出去打工。

对于没有劳动能力的农村家庭可能依赖一系列社会救助或其他社会保障政策维持生活,也就是说,各项政策或社会保障的变化都有可能影响他们的日常生活。对于有打工者的农村家庭,务工收入肯定大于他们在家务农的收入,而打工者在城市找工作将受到宏观经济环境、社会政策的影响,一旦发生金融危机或者城市各项政策发生变化,都有可能失去城里的工作返乡。也就是说,国内外的经济、政治

形势微妙地影响着他们在城里能否继续工作，因为农民工多为临时工，难免会受到政治风险的影响。无论是全脱农还是半脱农的农村家庭，如果在打工中遭遇贫困、不公平的待遇，就可能因为生活窘迫感受到压抑，这是由社会结构或者社会状态导致的。土地流转给新型农业经营主体所签的合同一般是5—10年，那意味着不是随时可以收回土地。如果遇到政治风险或其他问题返乡后又没有土地耕种，生活在社会中的成员因无法适应现存社会关系而引发不满或冲突，即表现为一定的社会风险。

当然，无论是哪种风险都是相互关联、彼此影响的，自然风险往往直接导致经济风险，政治风险也会引发社会风险，这些风险也可能同时叠加。这里只是基于一种理想类型的划分，所有的风险都有可能同时作用于所有的农业生产经营主体，只是侧重点有所不同。

二 新型农业经营主体中，股份合作组织的抗风险能力更强即风险相对较低，"小打小闹"分散型土地流入的农户抗风险能力较弱即面临的风险更高

家庭农场与分散型土地流入的农户属于内生型的土地流转，基本都是依靠家庭成员的劳动，单个农户的抗风险能力较弱。因此，这些农户都存在一些自身难以克服的问题，如市场交易成本、农产品品牌建设、农户随时回收土地、农业社会服务等问题，难以通过农户或家庭农场自身力量得到解决。尤其是分散的小农户如果没有形成更高层面的联合，他们与家庭农场一样对农业风险无能为力，面临的风险更高。这就需要更高层面的组织才能实现。理论和实践证明，这种更高层面的组织形式就是合作社或者股份合作组织，他们的规模更大，抗风险能力相对较强。合作社有农户自发组织的，也有村集体联合组织的，兼具内生型与外力推动两种农业组织的特征。多个家庭农场联合就会形成合作社，多个合作社联合或者引进农业企业等外部主体就会形成股份合作组织。

因此，合作社发展要在微观上培育家庭农场。家庭农场作为新型职业农民的载体，可以激发农民的内在合作需求，解决合作社微观动力不足问题。在宏观上，可以引入农业企业解决合作社规模问题。从长远来看，农业的规模效益要通过合作社规模来实现，而不是通过大规模土地流转实现。鉴于中国文化传统和行政体系，以家庭农场和农户为基础、以村落为单位的村社一体合作组织可以成为中国农村合作组织的主要形式，在此基础上进一步通过股份联合形成全国合作社网络。①

通过合作社与股份合作组织可以把农户、家庭农场、农业企业等联合起来，方便与健全的农业社会化服务体系一起构建现代农业产业体系、生产体系、经营体系，从而对抗可能的社会风险，减少经济损失。合作社与股份合作组织同农户签订的土地流转合同周期也比较稳定，很好地规避了随时被农户收回土地的风险。因此，从"小打小闹"分散型土地流入的农户到股份合作组织，其面对的风险是从高到低的，抗风险能力是由弱到强的。

三 普通农户将土地转出给股份合作组织的风险更高，而部分土地转出带给其他农户的风险更低

农业原本就存在多重风险。近年来，外部主体进入农村规模经营农业带来的经济风险、政治风险、社会风险等多重风险在农业过剩的宏观背景下进一步推高。从2005年起，我国农业就开始出现相对过剩。2016年中央一号文件提出农业供给侧结构性改革的时候，中央就明确指出大宗经济作物、养殖业等领域结构性过剩，即使过去长期短缺的粮食也出现相对过剩。这意味着大多数地区的规模化农业若无政府补贴甚至是亏损的。②影响脱贫可持续性的关键在于产业，产业是

---

① 朱启臻：《合作社市农业生产者的理想组织形式》，《农村经营管理》2018年第11期。
② 温铁军、刘亚慧、唐溧、董筱丹：《农村集体产权制度改革股权固化需谨慎——基于S市16年的案例分析》，《国家行政学院学报》2018年第5期。

经济发展的支撑和群众脱贫的根本。由于贫困群众自身发展能力有限，扶贫产业的发展大多是股份合作社带动模式。企业与贫困户的利益联结机制是以责任连带为项目前提预设，多数实力雄厚的企业往往不愿申请扶贫项目，导致项目落入经营不善的农业企业或合作社手中，"弱者吸纳"国家扶贫资源。此外，规模化经营风险以及对农户生计系统的可能损害，都导致部分扶贫产业缺乏发展前景，不具备长期带动力。① 因此，出现了土地流转后股份合作老板跑路、农民租金无法兑现的现象，这就加大了土地转出农户的风险。因为家庭农场与农民自发的分散型土地流转很多是私下进行，不同于合作社与股份合作组织流转中的组织对农户，这种流转都是农户对农户，保证了村民可以随时收回土地，对土地转出的小农来说其实是有利的，也就是说，失地的风险较低。但其抗风险能力并没有因为土地流转而发生变化，只是转出的对象有区别，从转给村庄里的大户到家庭农场、农业合作社、股份合作组织，其土地流转后的风险是一步步升高的。

在自然灾害、意外事故或疾病面前，小农家庭作为个体的抗风险力量较为有限，极有可能因为失地风险陷入贫困。因此，在精准扶贫与乡村振兴的背景下，仍然要重视小农利益，帮扶政策是确保小农利益的重要因素。尤其在李村这样的贫困地区，在脱贫后的一定时期内，保证扶贫政策的持续性是基层农户的现实需求。

第二节 风险何为？

作为享有土地承包经营权的农户，将土地流转出去后，可以避免自然灾害导致的生产风险。生产经营权全部由市场经营主体负责，土地转出后的农户可以避免市场风险的影响，直接享受承包土地带来的

---

① 许汉泽、李小云：《精准扶贫背景下农村产业扶贫的实践困境——对华北李村产业扶贫项目的考察》，《西北农林科技大学学报》（社会科学版）2017年第1期。

第六章　土地流转后农业经营主体的风险与保障

收益，也避免了一定的经济损失，尽管他们可能面临的是全球经济形势与政策带来的政治风险和失地后的社会风险。有研究表明，中国农业需要的不是"横向一体化"的大农场，而是小农场＋合作社提供的产加销"纵向一体化"服务，以此克服小农户面对大市场的困境，以合作的方式对抗市场风险。[①] 土地流转后不同的经营主体为什么会有这些风险呢？主要有如下几个原因。

一　农业社会保障的针对性有待加强

我国农村人口多，社会保障制度不健全，土地转出的农村家庭成员多在城市做临时工，并未享受到城市的各项社会保障，很难在城市里稳定生活。这意味着打工只是周期性的，随时有返乡的需求。在我国农村，土地对农民来说具有特殊的情感和地位。有研究表明，土地在我国农村承担了农民的衣食住行、婚丧嫁娶、子女教育、养老、医疗等多方面的社会保障功能。因而，土地对农民来说具有非常重要的意义。它不仅为农民提供了最基本的生活保障，还是失业返乡后的退路，具有保险功能。

农村社会保障体系不完善，无法解除农民土地流转的后顾之忧。比如，2009年因宏观经济环境变化，大量农民工返乡。如果返乡农民的土地被流转出去又无法及时收回，则可能会因为失业又失地而沦为贫困，这种贫困的风险将影响社会稳定。因而，在社会保障制度体系缺位的情况下，农户很难自愿、主动地把土地流转出去。[②] 如果城乡之间各项保障制度不接轨，就无法弱化农村土地的社会保障功能和社会保险功能。农民脱离了与土地的关系，生活似乎就没有了收入来源，因此不敢将土地流转出去。只有在解决了农民的后顾之忧之后，

---

① 黄宗智：《农业合作化路径选择的两大盲点：东亚农业合作化历史经验的启示》，《开放时代》2015年第5期。
② 钟涨宝、狄金华：《农村土地流转与农村社会保障体系的完善》，《江苏社会科学》2008年第1期。

农村土地流转市场才能发展起来，农民才会放心地把土地的承包经营权流转出去。①尽管有一系列的农业补贴和惠农措施，但针对外出务工者来说是杯水车薪，相反，对于在家种地的小农则很重要，这就需要避免农业社会保障"撒胡椒面"的做法，将农业补贴有针对性地限定为务农才有补贴。这样既可以降低政府部门的财政负担，也将农业优惠政策真正落到实处，进而从多方面避免土地流转后农村家庭的各种风险。

二 土地流转的规范化程度不够

目前，我国农村土地流转缺乏专门的法律规定和相关保障，法律法规不明确，难以对土地流转行为进行有效的规范。我国立法机构尚没有制定统一的农村土地流转法，没有对农村土地流转中双方的权利和义务、原则和程序、流转合同、价格和期限、土地的用途、解决争端的办法以及法律责任等做出详细而明确规定。土地流转的不规范，会同时对新型农业经营主体与小农构成风险。新型农业经营主体可能面临农户土地流转期限未到就收回土地的风险，小农可能遭遇农业合作企业老板跑路后的经济损失。有学者提出，在农场主与多个农户建立合约关系时，带有个人关系特点的关系合约不具有唯一性，与传统乡村关系治理模式相比，以合约治理合约是一种弱化关系、重视合约执行的治理模式。这种以合约治理合约中的补偿机制，可以加强合约双方的信任关系。当外部因素对合约的稳定性形成挑战时，关系治理的成本越高，以合约治理合约的作用越大。②也就是说，在土地流转合同之外再签订补充或补偿性合约，避免当农地流转租金随市场行情上涨时，农地转出户收回土地或涨价的风险，降低其生产服务合约的

---

① 钟涨宝、狄金华：《中介组织在土地流转中的地位与作用》，《农村经济》2005年第3期。

② 万江红、杨柳：《补充与补偿：以合约治理合约的双层机制——基于鄂中楚香家庭农场农业经营合约的分析》，《中国农村观察》2018年第1期。

风险，即以合约治理土地流转的合约，这是规范土地流转的好做法。

三 没有稳定的农业技术培训服务

家庭农场与分散型的土地流入农户较为普遍地存在技术匮乏、资本短缺的状况，在市场风险、自然灾害风险等多重风险因素的影响下，他们的抗风险能力与小农经济的脆弱性并存。农业合作社与股份合作组织在农业技术培训上有一定的优势，但没有与技术部门形成长期稳定的培训服务关系。

对农场主来说，最大的风险是市场价格波动大，产品附加值低，需要改良品种，而且种植水果没有保护价，价格完全由市场决定，付出的劳动力和收入不对等。比如苏源村家庭农场，20世纪90年代与村集体签了40年的合同，后来通过土地流转成为大户种植已经八九年。土地一部分是流转的其他村民的土地，另一部分是对自己挖的荒滩老沟改造后种鱼塘和柑橘。2016年，苏源村由种植大户转变成家庭农场，之前种过莲蓬和粮食，买过机器，但是效益不好。想投资新的柑橘品种，但在农业果树和养殖技术方面不懂技术，刚开始走了不少弯路，最近三年花了一万元请了高级农技师，可以说是"边淘汰、边摸索、边发展"。2017年开始养鱼，但是现在养鱼的收益不如从前，一定程度上受到龙虾养殖的影响。在市场方面影响较大，农场主得自己找市场，价格波动大，大小年分化严重，对鱼的要求很高，收购商对鱼的外形、形状、大小都有要求，这就对养鱼的技术要求很高。目前，在技术方面，是农场主自己通过买书和看视频学习，有时候也会根据市场变化联系相关的公司进行培训，但没有固定的时间，村里也没有组织村民学习技术。

农场主与小农一样缺乏技术培训，需要面对较大的市场风险。因此，推进农业产业化发展过程中，农业现代化的治理单元不能简单置于小农经济基础之上，还应加强对农民的培训，提高农民的素质。农村的现代化离不开农民的现代化，政府可通过对农民进行多层次的培训，提高他们的综合素质，促进更多的小农向现代新型农民的转变，从而促进农村的现代化发展。①

四 农户的保险意识不强

许多研究将制约当前农民进行土地流转的最主要因素归因农村经济发展相对落后、城乡二元体制的影响。我国农村尚未建立与城市同等的养老保险、医疗保险、社会福利、社会救济和最低生活保障等社会保障体系，因此，尽管农民土地耕种收益较低，但出于理性的考虑，大部分农民还是不愿土地流转，主要是担心土地流转后失去生活保障。②

实际上，参考发达国家的做法，促进土地流转后新型农业经营主体发展必须推行农业保险。农业保险作为降低农业风险的专业手段，通过风险管理、经济补偿等多功能，助力农业现代化进程。③ 但在某村的调查中，农户因为担心上当受骗几乎不选择购买保险。从发达国家农业发展的经验来看，它们不仅国家政策保险完善，而且商业保险也很发达。

我国少部分农业实行了政策性保险，但农业保险覆盖率较低，农业经营主体投保率低，发生保险灾害后理赔困难，农业巨灾保险机制并未完全建立起来，农业保险具有的风险分散能力非常有限。④ 当然，我国农业保险的不足有多方面的复杂原因。由于农业效益比较低，农业收益不稳定，我国商业保险基本没有涉足农业领域。我国农业政策

---

① 张翠娥、万江红：《传统与现代之间：农民专业合作社的发展困境》，《农村经济》2011年第9期。

② 张岑晟：《我国农村土地流转中的主要问题与政府作为》，《安徽农业科学》2011年第23期。

③ 孔德立、牛新中、杨鑫：《农业保险服务农业现代化的机制创新研究》，《金融理论与实践》2016年第8期。

④ 房启明、罗剑朝：《中英农村金融制度比较研究及其经验借鉴》，《经济体制改革》2016年第6期。

保险也才刚刚起步，没有从生产、加工、配送到销售完备的质量控制和风险防范体系，涉农的保险也不多，加之小农意识严重以及运输损耗过大，加剧了农业生产的风险。

对于多数农民，由于他们习惯了靠天吃饭的传统，风险意识比较淡漠，加之在土地承包经营体制下，土地细碎且分散，职业农民尚未大规模形成，多以兼业经营为主，农业对农民增收的贡献日益减弱甚至微不足道，非农收入的增加在很大程度上巩固了家庭农业经营的持续性和稳定性，农业和非农收入之间的风险分散机制弱化了对农业保险的需求，使得许多农户没有保险意识。[1] 一个比较可行的办法是，适当鼓励农村自主性地合作，考虑地方政府协助组织农民共同分担风险保险，在多种经营赋予的稳定性上，提供针对天灾、疾病等风险的合作保险。[2]

五 精神风险与心理需求未得到关注

土地流转后出现的新型农业经营主体，又称新型职业农民，本质上属于农民，既不是靠工资收入的农业工人，也不是凭借资本获得收入的农业投资人或农业企业管理者。作为新的身份，就会出现认同和适应的问题。土地大规模流入后被转嫁的经济风险、自然风险会随之加诸在他们身上，形成一种压力，可称为精神风险，但这种压力并未得到关注。有研究认为，新型职业农民不是自然而然形成的，而是需要特定的环境，包括土地制度、农业组织制度、政府的支持与服务以及农民教育制度等环境因素。[3]

目前，政府主导的土地流转导致的高地租推高了农民的种地成本，这些都可能构成压力，影响土地流转后新型职业农民的生产生活。农民专业合作社所处的不再是传统的熟人社会，而是一种特殊的

---

[1] 魏丽、王莹：《供给侧改革中的农业保险》，《中国金融》2017年第10期。
[2] 黄宗智：《中国农业面临的历史性契机》，《读书》2006年第10期。
[3] 朱启臻、胡方萌：《新型职业农民生成环境的几个问题》，《中国农村经济》2016年第10期。

熟人社会。其特殊性主要表现在社会流动性的增强和开放性的增加。这种特殊的熟人社会最大的特点在于，传统的风俗习惯和伦理道德已经难以像以前那样对农民产生影响。传统的社会控制方式在农村的失效是转型期农村社会的最大特征，也是转型的农村社会给农民专业合作社发展带来的最大困难。在当前农村，以道德为主的传统社会控制和以法律为主的现代社会控制方式之间不仅没有形成取长补短、相得益彰的格局，而且造成控制的真空，即道德风俗的约束力明显下降的同时，法律的制约力也没有明显的上升。[①] 在这种情况下，新型职业农民与小农在土地流转上的沟通可能会存在问题，容易引发纠纷，因此应该意识到双方都需要心理上的支持与疏导。

第三节　风险应对：构建社会保障新机制

土地流转涉及农户中有相当比例的农民无文凭、无技能，如果解决不好失地农民的就业空间和社会保障问题，就会影响失地农民的生存和发展。土地流转的成效及土地转出户的利益保障最终取决于土地流入户是否有持续的经营能力和较好的经营效益。[②] 为切实降低合作社、股份合作农业组织、家庭农场和大户的经营风险，保障土地流转后各主体关系的稳定性，有必要构建新的社会保障机制。

本书构建并论证了"两主多元型"农村土地流转后风险防范和保障机制（见图6-2）的合理性。

宏观层面，加强政府、村集体、农业技术部门在土地流转中的宏观调控与政策、技术支持；微观层面，在政府扶持的基础上实现金融、保险、医疗等部门的协调配合，同时引入农村社会工作者疏导土

[①] 张翠娥、万江红：《传统与现代之间：农民专业合作社的发展困境》，《农村经济》2011年第9期。

[②] 方文：《完善农村土地流转长效机制的个案研究——以浙江省杭州市余杭区为例》，《经济纵横》2010年第3期。

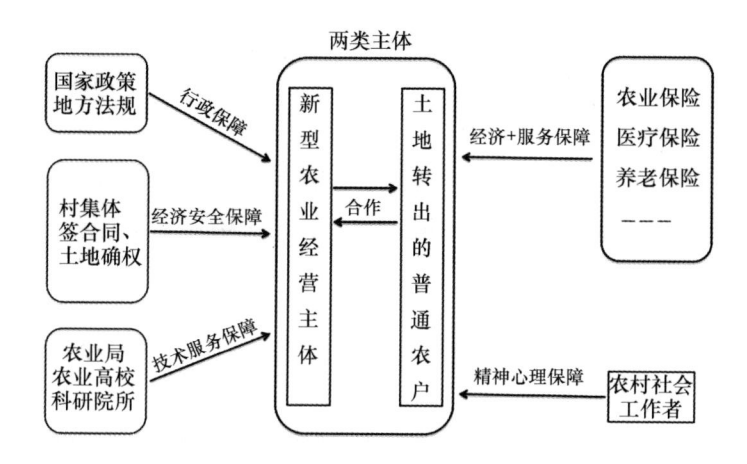

图 6-2　"两主多元型"农村土地流转后的社会保障机制

地流转后两类主体面临的精神压力,从心理上协调彼此的关系。这都是促进土地流转后农村社会良性运行的重要手段。

一　推动国家政策、地方法规的完善,为土地流转后两类主体构建宏观层面的行政保障

调查发现,部分合作社、股份合作企业都是在国家精准扶贫的政策下推动形成的,也是地方政府积极创新产业、扶持脱贫的模式之一。自改革开放以来,我国先后实施多项大规模的扶贫开发计划,减贫过程经历了体制改革推动下农业发展驱动、开发式扶贫方式推动、党的十九大以来的精准脱贫攻坚三个阶段。[1]

土地流转促进了农业产业的规模化发展,农业产业化发展助力了乡村精准脱贫。2013—2018年,在现行标准下,我国成功实现脱贫的农村贫困人口超过7800万人。[2] 党的十九大报告中,习近平总书记明

---

[1] 李小云、徐进、于乐荣:《中国减贫四十年:基于历史与社会学的尝试性解释》,《社会学研究》2018年第6期。

[2] 李培林:《全面深化改革　推动社会建设迈上新台阶》,《人民日报》2019年3月14日。

确提出实施乡村振兴战略,通过"七条道路"统筹推动产业、人才、文化、生态、组织的"五个振兴",以完成目标任务。无论是脱贫攻坚还是乡村振兴,都是为解决乡村发展不充分、城乡发展不平衡的问题,通过城乡一体化均衡发展,最终实现国家富强、民族振兴、人民幸福。推动国家政策、地方法规的不断完善,可进一步为产业发展蓄积力量和保驾护航,成为乡村农业产业发展的行政保障。

土地流转中,要紧扣实际,尊重小农的意愿,把探索实施合作帮扶模式、社会帮扶模式作为农业风险防范的重点方向,大力引导、支持新型农业经营主体带动贫困群众脱贫致富。有地方以行政村为界,上级政府把各类下达资金捆绑用于土地金融制度创新,作为建立集体经济组织的启动股本金。这使集体经济组织拥有规模资金,成为吸纳农户资源配比入股的"做市商"。集体借村内成员股权确立之机,可对整个自然村或行政村范围内的所有资源进行普查,然后对于潜在的、有经济效益的资源做资产化的初级定价,确定股权到户的同时,统一收归集体管理和处置。[1]

在创新土地金融制度的前提下,村集体仍然要把小农和贫困群众受益作为首要条件,选准产业项目与贫困户增收的结合点,想方设法使贫困群众参与产业链条,找到合适的就业渠道和岗位。同时,加强政府的指导与监管,帮助土地转出农户与新型经营主体之间明晰产权,明确责任与风险,合理确定利益分配,及时化解利益矛盾,保障双方充分受益。

二 村集体签合同保障土地流转的适度规模,通过土地确权保障小农对土地的承包权,保护小农土地流转后的经济利益

各地方要充分结合当地的资源优势,积极探索村集体经济发展路径,围绕"三变"改革,放大财政资金绩效,着力培育壮大特色产

---

[1] 温铁军、刘亚慧、袁明宝:《创新农地金融制度》,《中国金融》2018 年第 10 期。

业，帮助乡村稳定，增加村集体收入，具备条件的可将收益折股量化给小农和贫困户，尤其是丧失劳动能力或弱劳动能力的贫困户，让他们分享稳定的收入，具有经济与生活安全保障。

研究表明，过大的规模农业风险大、成本高，土地产出率低，因此，村集体要通过签合同的形式保证土地流转的适度规模。家庭经营模式在一段时期内仍然是农业经营方式的最优选择，这需要稳定土地承包关系，引导和鼓励有稳定非农收入的农户全部或部分流转土地，让继续种地的人能够耕种更多的地，为家庭农场的形成营造制度环境。

通过村集体签合同、土地确权稳定承包关系的意义有两方面：一是农民不会产生从众行为，如受到其他人的鼓动或者施压就为了眼前利益放弃土地；二是土地流入的农户由于对土地有长远的收益预期，从而产生流转土地的积极性。土地确权保障了农户对土地的承包权，只有那些具有稳定非农收入的农户才具有土地流转意愿。当农业收入占家庭总收入的比重微乎其微，种地甚至成为他们的负担时，他们才会考虑把土地流转给他人。这种自发性流转地租很低，很多土地转出方是不收任何租金的。一些流入土地的农户反映，他们只是送些土特产给土地转出方就可以了，不会像政府主导的土地流转那样需要付出较高的地租。在这种情况下，不仅土地流转的成本低，而且稳定，很多土地流转没有年限限制，承包方把承包权和使用权一并流转给受让者，只要国家不改变承包关系，这种流转就具备长期性。流转关系稳定的好处是，土地流入者可以在耕地上长期投入，从而形成稳定的收入预期。这样的土地流转对社会的风险最小，不会产生失地农民，也不会推高地租，从而有助于克服农业生产的短期行为。[①]

[①] 朱启臻、胡方萌：《新型职业农民生成环境的几个问题》，《中国农村经济》2016年第10期。

三 加强与农业局、农业高校和科研院所的成果对接与转化，构建两类农业主体技术培训长效机制，提供有效的产业技术服务保障

《农业技术推广法》第十条明确规定，"农业技术推广，实行国家农业技术推广机构与农业科研单位、有关学校、农民专业合作社、涉农企业、群众性科技组织、农民技术人员等相结合的推广体系"。依据国家农业技术推广法的规定，针对我国农业经济体制的多元化特征，必须建立与之相适应的农业技术推广体系。

传统的小农势单力薄，缺乏先进技术和经营信息，对国家公益性农业技术推广有较强的依赖性，迫切需要有效的农业技术配套体系。家庭农场是一种新发展起来的农业经营形式，一般都有较强的经营能力，有成熟的农业生产技术，可能和农业公司、农业生产资料公司有着密切的联系，对社会组织的农业技术推广依赖性较强。有研究认为，国家应该积极扶持这样的农场，通过鼓励、扶持农业合作社为这样的农场提供更好的纵向一体化服务，让他们占有更高比例的市场收益，并为其提供融资、贷款、技术培训的渠道，让更多的农民成为"小康"的中农。[1]

农业合作社核心成员一般是农村的能人，有些甚至还有农业生产资料公司、农业公司作为社员，有购买农业生产资料的团体优势，也具备吸纳农业新技术的能力。因此，农业合作社和社会组织、科研院所、农业院校有广泛密切的联系。他们所掌握的技术、信息和经营模式有时甚至比公益性农业技术推广组织还要先进。因此，农业合作社在农业技术的推广中发挥着重要的作用。它通过与成员的联系，统一品种、经营模式、技术指导、销售等，把新的经营理念、经营模式推广到成员中。农业企业一般也是农业合作社的核心成员，通过订单农业的方式，安排专门技术人员，把标准化农业生产推广到广大农户

---

[1] 黄宗智：《"家庭农场"是中国农业的发展出路吗？》，《开放时代》2014年第2期。

中，从而有效地促进农业加工龙头公司旗下成员实现品种、品牌、技术、管理、价格和销售等生产要素和生产环节的统一。

有学者认为，中国应该模仿"东亚"模式的半政府性综合农协，扎根于村庄社区，由此往上延伸到乡（镇）、县（市）、省、中央各级政府。它们主要为小农提供"纵向一体化"的产品加工和销售服务、新技术咨询与服务等，并参与国家政治来维护小农利益。[①] 这种做法有利于新型农业经营主体将农业先进技术反馈给土地转出后的小农，形成新生产技术共享的合作方式，从而为土地流转后农业的发展提供有效的产业技术服务保障。

四 扩大并完善农业保险、医疗、养老、农村金融等服务的范围，提升农民的保险意识，让农村各类保险在服务农户的同时也保障农民生活，形成"经济+服务"双保障

目前，政府的各类农业补贴和保险主要集中在粮食类作物和部分农业机械上。多数新型农业经营主体以种植水果、苗木和养殖为主，很难享受到政府的粮食补贴。农业保险服务的不完善，难以化解农业经营风险，让农业经营主体面临无补贴、无保险的双重风险。因此，只有通过制度创新，才能为农民创造良好的成长环境。尤其是新型职业农民的生成不是靠某一单一因素就可以推进的，而是需要复杂的社会环境，如较高的经济收入、必要的社会尊重以及包括政府的支持与保护、农业保险、农村金融、农业教育、农业社会化服务体系等在内的一系列系统的配套措施。[②] 这就需要扩大农业投保险种的覆盖范围，设立农业企业风险保证基金，加大对农业企业的金融支持力度并配套出台一些实施细则，如允许土地承包经营权用作抵押贷款，为农业企

[①] 黄宗智：《中国农业发展三大模式：行政、放任与合作的利与弊》，《经济社会》2017年第1期。

[②] 朱启臻、胡方萌：《新型职业农民生成环境的几个问题》，《中国农村经济》2016年第10期。

业的资金需求提供必要的融资和服务渠道。①

同时，通过加大宣传，让农户认识到保险在保障农业生产与生活中的重要作用，建立健全"政府+金融+保险"的风险保障机制，引入商业保险竞争机制，通过财政以奖代补等方式支持贫困地区发展特色农产品保险，及时化解农业经营主体和土地转出户在生产与经营中的市场风险和自然风险。比如，某县积极探索保险扶贫和两权抵押融资等形式。以保险扶贫为例，县财政拿出1000万元，对全县建档立卡的所有贫困人口的财产、人身、产业三大类进行保险，财产险主要针对农村住房，人身险主要针对所有年龄段贫困人口的意外伤害，产业险主要针对小麦、玉米、花生、水稻、棉花、大豆六类农作物及日光大棚、塑料大棚、鸭棚等贫困户财产，总保额达42.3亿元，真正做到脱贫路上"零风险"。同时，引入保险公司为金融扶贫做担保，使"三位一体"金融扶贫模式优化为"四位一体"金融扶贫模式。2016年，县政府与某保险公司签订了"脱贫路上零风险"保险扶贫项目合作协议，目的在于利用保险功能化解小农生产中面临的各类风险，解决农户产业发展的后顾之忧，做到产业发展路上的零风险，真正实现"经济+服务"双保障。这些都是值得借鉴的经验。

五　注重土地流转后村民的心理与精神需求，引入农村社会工作机构服务，定期让农村社会工作者给农户开展各类小组和个案心理辅导，发挥社会工作者维稳与社会安全阀的功能

随着农村土地制度的不断变革与创新，农村产业发展与大规模的土地流转已经持续开启，但是农民对土地的平均占有心态并未随之变化。②当农村的土地制度革新进一步向前推动的时候，就需要关注和

---

① 方文：《完善农村土地流转长效机制的个案研究——以浙江省杭州市余杭区为例》，《经济纵横》2010年第3期。
② 吴毅、吴帆：《传统的翻转与再翻转——新区土改中农民土地心态的建构与历史逻辑》，《开放时代》2010年第3期。

第六章 土地流转后农业经营主体的风险与保障

反思农民传统的意识形态与土地的价值理念,采取一定的措施推动农民对土地的态度变化,疏导因为流转或失去土地引发的一系列情绪。

比如在前河村的调查中发现,土地流转前,农民主要以农业生产维持生活,务农的农民占比68.6%。2013年,土地开发商进行土地开发时,需要流入前河村大量靠近河岸肥沃的农业用地。当地大部分农民以在这些肥沃土地种植作物作为重要经济来源,这些地是他们生存的主要保障。转让土地需要足够的费用才能够使农民同意。当地农民委托村委会和土地开发商进行沟通,但开发商给出的价格比市场价格低,且政府无法解决农民后续的生活和就业问题,农民集体拒绝。拒绝后,开发商私下违规操作,没有得到同意便开始施工,造成大批失地农民。尽管征地不属于严格意义上的土地流转范畴,但都有可能导致农户失地的风险。对于失地农户的社会保障,目前没有完全统一的标准可供参考,一般情况下是按照区位从城市周边逐步向比较偏远的乡村地区递减的趋势。很多失地农民对增权处于无知状态。与新型农业经营主体相比,他们处于弱势,在心理上难免存在落差感和不平衡感,不知道如何寻求帮助和争取相应的社会福利与保障安置,因此,需要社会工作机构的引导。[1]

对于无劳动能力且将土地全部流转的失地老人,他们的物质生活保障并不是马上可以解决的问题,也难免会产生负面情绪,他们精神需求的满足和心理疏导就显得尤为重要。[2]

如何让土地全部流转的失地农民较好地适应生产生活的改变,减轻心理压力,社会工作者可以通过小组活动和个案心理辅导的方式介入。社会工作在介入失地农民社会适应问题时,可以注重加强社会工作机构及其工作者与其他个人、团体、社区、组织或政府机关单位的

---

[1] 张艳冰:《社会工作视域下失地农民社会保障安置问题研究——以山东省G市为例》,硕士学位论文,西北师范大学,2012年。
[2] 周杭:《个案工作介入农村失地老人精神慰藉问题研究——以吉安市天玉镇山背村为例》,硕士学位论文,井冈山大学,2016年。

关系，通过调动社区和社会资源为失地农民提供心理和情感支持、经济援助、社区康复治疗，甚至倡导社会政策等提供全方位的服务，从而让失地农民及其家庭更好地适应社会环境的变化，融入社区生活。[1]

对于失去土地的青壮年劳动力，他们失去土地就相当于失去了最基本的生活资料和经济保障，抵御社会风险的能力变低，生存变得困难。同时，由于自身条件的限制，可能无法很快地找到合适的工作，陷入失地加失业的贫困状态。如果他们选择去城市，那里的人际交往将不再是乡村的熟人社会，很难建立起新的社会交往关系，自身身份认同存在矛盾。同时，由于他们和城市人在思想观念、生活方式、社会保障等方面存在差异，很难融入新的社区生活，在继续社会化过程中也将面临许多问题，很大程度上影响了失地农民的社会适应。社会工作者一方面可以促进失地农民之间以及与社区工作人员、政府官员、其他城市居民等进行有效的人际沟通，扮演关系调解者的角色；另一方面，还可以通过举办有效的社区活动促进失地农民和城市居民在职业技能的获得、生活方式的调节、就业等方面进行交往和交流，从而促进失地农民的社会适应，增强失地农民的社会适应能力。[2]

习近平总书记多次强调内生动力对乡村发展和脱贫攻坚的重要意义。随着党和国家对乡村社会治理工作的重视，社会工作将发挥越来越重要的作用。乡村振兴战略的提出，需要专业社会工作者的参与和服务。社会工作者可以充分发挥专业方法和角色优势助力乡村振兴。农村是一个熟人社会，村民因为地缘和血缘形成复杂的社会网络，个人存在于网络和群体之中。[3] 社会工作者在参与乡村社会服务和治理的路径中，应该明确自己的角色和定位，在介入贫困乡村社会治理中

---

[1] 黄小强：《城郊失地农民社会适应的社会工作介入研究——以洛阳市伊滨区为例》，硕士学位论文，新疆大学，2017年。

[2] 黄小强：《城郊失地农民社会适应的社会工作介入研究——以洛阳市伊滨区为例》，硕士学位论文，新疆大学，2017年。

[3] 陈涛、徐其：《社会工作介入乡村振兴模式研究——以北京市Z村为例》，《国家行政学院学报》2018年第4期。

既要基于国家政策开展传统的救助式扶贫工作,又要注重创新方式方法开展开发式扶贫;既要着眼于乡村的贫困治理工作,又要兼顾乡村的振兴发展。①

我们需要认识到,现代化农业生产可以是大规模的,但在相当长的一段时期内,中国实际上是小农生产与新型农业经营主体并存的。正如精准扶贫也要对接乡村振兴,许多地方通过土地流转推动的扶贫产业终究要回归市场属性,参与市场竞争。那么,在 2020 年脱贫攻坚战取得全面胜利后,扶贫产业脱离政府与社会关爱后回归市场,能否走下去、走得好,成为值得关注和思考的问题。

---

① 穆莉萍、唐佳:《社会工作介入贫困乡村社会治理的路径分析——以重庆市城口县反贫困社会工作项目为例》,《中国社会工作》2018 年第 2 期。

参考文献

（一）专著

不列颠百科全书国际中文版部：《不列颠百科全书：国际中文版》，中国大百科全书出版社 2007 年版。

贺雪峰：《组织起来：取消农业税后基层组织建设研究》，山东人民出版社 2012 年版。

陆雄文：《管理学大辞典》，上海辞书出版社 2013 年版。

吕国荣：《影响世界的 100 位管理大师》，北京电子工业出版社 2011 年版。

孙国锋：《产权改革非平衡与农地可持续利用研究》，中国社会科学出版社 2008 年版。

赵慧英、于丹：《社会保障概论》，中国铁道出版社 2004 年版。

郑功成：《社会保障》，高等教育出版社 2007 年版。

[德] 贝克：《世界风险社会》，南京大学出版社 2004 年版。

（二）译著

安东尼·吉登斯：《现代性的后果》，田禾译，译林出版社 2000 年版。

罗伯特·默顿：《社会理论和社会结构》，唐少杰、齐心等译，译林出版社 2006 年版。

马斯洛：《动机与人格》，许金声等译，华夏出版社 1987 年版。

塞缪尔·亨廷顿：《变化社会中的政治秩序》，王冠华、刘为等译，上海世纪出版集团2008年版。

乌尔里希·贝克：《风险社会》，何博闻译，译林出版社2004年版。

（三）网络及报纸类

湖北省文化和旅游厅，《武陵山区（鄂西南）土家族苗族文化生态保护实验区获文化部批准》，2014年6月28日，http：//www.hbwh.gov.cn/xwdt/zgyw/7325.htm。

李培林：《全面深化改革推动社会建设迈上新台阶》，《人民日报》2019年3月14日。

《农村土地流转新政策》，2019年7月11日，https：//www.tuliu.com/read-48870.html。

农业农村部：《我国依法登记的农民合作社达218.6万家》，2019年4月19日，金融界网站。

中国报告大厅：《2017—2018年土地流转发展现状分析和发展趋势预测》，2018年1月8日，土流网（https：//www.tuliu.com/read-70550.html）。

（四）期刊论文类

白维军：《论社会保障的理论图谱》，《社会科学研究》2017年第6期。

蔡梦雪：《河北省肃宁县益源专业合作社土地合作新模式的研究》，硕士学位论文，河北农业大学，2015年。

陈成文：《论促进农村土地流转的政策选择》，《湖南社会科学》2012年第2期。

陈丹、唐茂华：《家庭农场发展的国际经验及其借鉴》，《湖北社会科学》2015年第4期。

陈航英：《新型农业主体的兴起与"小农经济"处境的再思考——以

皖南河镇为例》,《开放时代》2015年第5期。

陈华:《土地流转背景下我国农民专业合作社的竞争力研究——基于波特"五力模型"理论的分析》,硕士学位论文,兰州大学,2010年。

陈军、李国富:《促进家庭农场发展的调查研究》,《中国财政》2013年第17期。

陈明鹤:《土地流转与家庭农场的关系探讨——以辽宁为例》,《党政干部学刊》2013年第8期。

陈涛、徐其:《社会工作介入乡村振兴模式研究——以北京市Z村为例》,《国家行政学院学报》2018年第4期。

陈卫平、郭定文:《农户承包土地流转问题探讨》,《经济问题探索》2006年第1期。

陈志宇:《新农村建设背景下完善我国农村土地流转机制研究》,《安徽农业科学》2012年第5期。

崔起兰:《河南省家庭农场培育与发展探讨——以新乡市为例》,《现代营销》(经营版)2018年第10期。

敦霄霄、郭晴、张瑶、陈璐、赵雯:《土地流转制度改革对推动家庭农场发展的作用》,《合作经济与科技》2015年第19期。

樊小红:《农户参加土地股份合作制的影响因素研究——基于成都市的调查》,硕士学位论文,四川农业大学,2009年。

方文:《完善农村土地流转长效机制的个案研究——以浙江省杭州市余杭区为例》,《经济纵横》2010年第3期。

房启明、罗剑朝:《中英农村金融制度比较研究及其经验借鉴》,《经济体制改革》2016年第6期。

冯必扬:《社会风险:视角、内涵及成因》,《社会学研究》2004年第2期。

付俊红:《美国发展家庭农场的经验》,《世界农业》2014年第12期。

付振奇、陈淑云:《组织干预还是个体主导:对农户土地经营权流转行为效果的研究——基于 1025 个农户流转租金价格与满意度的分析》,《开放时代》2017 年第 4 期。

高微:《家庭农场发展:问题与策略》,《沈阳农业大学学报》(社会科学版)2014 年第 2 期。

关锐捷、李伟毅:《以农村土地确权促进集体产权制度改革》,《毛泽东邓小平理论研究》2015 年第 1 期。

郭耿轩:《武陵山连片贫困地区产业精准扶贫创新案例研究——以湖北恩施土家族苗族自治州为例》,《重庆科技学院学报》(社会科学版)2018 年第 5 期。

郭晓鸣、张克俊、虞洪、高杰、周小娟、苏艺:《实施乡村振兴战略的系统认识与道路选择》,《农村经济》2018 年第 1 期。

郭正模:《家庭农场经营模式的土地集中与流转机制构建》,《中共四川省委省级机关党校学报》2013 年第 6 期。

韩国明、陈华:《美国新一代合作社带给我国农民专业合作社的发展思考与启示——基于土地流转背景下的分析》,《农村经济》2009 年第 11 期。

韩俊:《中国农村土地制度建设三题》,《管理世界》1999 年第 3 期。

郝丽霞:《基于农村土地流转的政府职能构建》,《农业经济》2013 年第 5 期。

贺雪峰:《保护小农的农业现代化道路探索》,《思想战线》2017 年第 2 期。

贺雪峰:《澄清土地流转与农业经营主体的几个认识误区》,《探索与争鸣》2014 年第 2 期。

贺雪峰:《国有农场对农村经营体制改革的启示》,《华中农业大学学报》(社会科学版)2017 年第 3 期。

贺雪峰:《论中国农村的区域差异——村庄社会结构的视角》,《开放时代》2012 年第 10 期。

贺雪峰:《农地改革要提供返回农村的退路》,《决策》2018 年第 12 期。

黄小强:《城郊失地农民社会适应的社会工作介入研究——以洛阳市伊滨区为例》,硕士学位论文,新疆大学,2017年。

黄宗智:《"家庭农场"是中国农业的发展出路吗?》,《开放时代》2014年第2期。

黄宗智:《农业合作化路径选择的两大盲点:东亚农业合作化历史经验的启示》,《开放时代》2015年第5期。

黄宗智:《制度化了的"半工半耕"过密型农业》,《读书》2006年第6期。

黄宗智:《中国的隐性农业革命(1980—2010)——一个历史和比较的视野》,《开放时代》2016年第2期。

黄宗智:《中国农业发展三大模式:行政、放任与合作的利与弊》,《经济社会》2017年第1期。

黄宗智:《中国农业面临的历史性契机》,《读书》2006年第10期。

黄宗智:《中国新时代小农经济的实际与理论》,《开放时代》2018年第3期。

黄祖辉、傅夏仙:《农地股份合作制:土地使用权流转中的制度创新》,《浙江社会科学》2001年第5期。

季玉福:《土地流转合作社:我国实现农业现代化的重要路径》,《农村经济》2012年第9期。

蒋文华:《农村土地流转新情况、新思考——浙江农村土地流转制度的调查》,《中国农村经济》2001年第10期。

金丽馥、李章垠、黄佰行:《健全农村土地股份合作制的探索——以扬州市江都区为例》,《江苏农业科学》2013年第41期。

金松青:《中国农村土地租赁市场的发展及其在土地使用公平性和效率性上的含义》,《经济学》2004年第4期。

晋洪涛:《农民的农地权属认知与行为反应:基于567个样本的分析》,《农村经济》2011年第7期。

康芳:《农村土地确权对农业适度规模经营的影响》,《改革与战略》

2015 年第 11 期。

孔德立、牛新中、杨鑫：《农业保险服务农业现代化的机制创新研究》，《金融理论与实践》2016 年第 8 期。

赖作莲：《土地流转与职业农民培育——基于美、英、法、日等国的经验》，《经济研究导刊》2014 年第 22 期。

李凌方：《农民合作社在土地流转中的作用机制研究——基于湖北多地案例的实证分析》，《湖北民族学院学报》（哲学社会科学版）2018 年第 1 期。

李少华、樊荣：《农业生产要素视域下农业专业合作社的发展问题——以山西省晋中市为例》，《福建论坛》（人文社会科学版）2012 年第 12 期。

李铜山、汪来喜：《论全力推动农机专业合作社发展的综合效应和重要意义——以农业大省河南省为例》，《中国发展》2012 年第 4 期。

李旺：《鄂西南土家族地区精准扶贫特色与模式研究——以恩施市李村为例》，学士学位论文，长江大学，2019 年。

李文政：《论优化农村土地流转中政府的管理职能》，《改革与战略》2009 年第 7 期。

李先玲：《基于农民收入结构的农村土地流转分析》，《特区经济》2010 年第 10 期。

李小云、徐进、于乐荣：《中国减贫四十年：基于历史与社会学的尝试性解释》，《社会学研究》2018 年第 6 期。

李治、彭富春、卢维红、袁子华：《塘头镇农业专业合作社现状、存在问题及发展方向探讨》，《三农论坛》2016 年第 12 期。

林军、岳世忠：《农村土地流转合作社发展问题研究》，《先驱论坛》2010 年第 29 期。

林兴虹：《安徽省土地流转与发展家庭农场研究——以安庆市枞阳县为例》，《宿州学院学报》2013 年第 8 期。

刘老石：《合作社实践与本土评价标准》，《开放时代》2010 年第

12 期。

刘灵辉：《家庭农场土地流转集中的困境与对策》，《西北农林科技学院学报》（社会科学版）2019 年第 3 期。

刘灵辉：《家庭农场土地适度规模集中的实现机制研究》，《中州学刊》2016 年第 6 期。

刘荣君、吴光宇：《内蒙古农业合作社发展状况调查》，《合作经济与科技》2019 年第 1 期。

刘守英：《土地使用权流转的新动向及影响》，《农业经济》2001 年第 23 期。

刘爽、刘军、刘玉锁：《河北省农村土地流转制度的创新探讨——基于鹿泉市铜冶镇土地股份合作制的调查》，《农业经济》2012 年第 5 期。

刘太刚：《心灵治理：公共管理学的新边疆——基于需求溢出理论和传统中国心灵治理范式的分析》，《中国行政管理》2016 年第 10 期。

楼栋、仝志辉：《中国农民专业合作社多元发展格局的理论解释——基于间接定价理论模型和相关案例的分析》，《开放时代》2010 年第 12 期。

陆水平：《关于农业科技在美国家庭农场中应用的启示》，《上海农村经济》2007 年第 8 期。

陆晔：《农村土地股份合作流转模式探析——以浙江省海盐县武原镇为例》，《昆明冶金高等专科学校学报》2009 年第 6 期。

吕凯：《基于土地流转视角的农民专业合作社发展问题研究》，《三峡大学学报年第》（人文社会科学版）2017 年第 3 期。

孟祥远：《城市化背景下农村土地流转的成效及问题——以嘉兴模式和无锡模式为例》，《城市问题》2012 年第 12 期。

穆莉萍、唐佳：《社会工作介入贫困乡村社会治理的路径分析——以重庆市城口县反贫困社会工作项目为例》，《中国社会工作》2018

年第 2 期。

穆娜娜、孔祥智、钟真:《农业社会化服务模式创新与农民增收的长效机制——基于多个案例的实证分析》,《江海学刊》2016 年第 1 期。

欧阳桂前、田克勤:《中国农地规模经营存在的问题及对策分析——以东北三省为例》,《长白学刊》2015 年第 2 期。

彭莹:《湖南省家庭农场现状及其对策研究》,《经济研究导刊》2018 年第 26 期。

乔密鑫:《创新经营模式强化服务功能——山西省晋中汇丰农业专业合作社联合社经营模式调研报告》,《山西农经》2017 年第 23 期。

邱拓宇、李大鹏:《中国家庭农场发展存在的问题及对策》,《河南农业》2019 年第 2 期。

任保平:《当代西方社会保障经济理论的演变及其评析》,《陕西师范大学学报》2001 年第 2 期。

司亚伟、李旻、钟昀陶:《影响农户林地流转的非价格因素:理论与实证》,《林业经济问题》2016 年第 4 期。

宋辉、钟涨宝:《基于农户行为的农地流转实证研究——以湖北省襄阳市 312 户农户为例》,《资源科学》2013 年第 5 期。

苏小艳:《农户参与土地股份合作制意愿的影响因素研究——基于孝感市三汊镇的调查》,硕士学位论文,华中农业大学,2013 年。

隋红华、李梅芳:《山地丘陵区家庭农场发展制约因素的研究——以于家村及其附近自然村为例》,《辽宁农业职业技术学院学报》2014 年第 2 期。

孙新华:《农业规模经营主体的兴起与突破性农业转型——以皖南河镇为例》,《开放时代》2015 年第 5 期。

唐浩、曾福生:《农村土地股份合作制研究述评》,《江西农业大学学报》(社会科学版) 2009 年第 1 期。

田长平:《农业土地利用视角下的家庭农场问题调查及对策研究——以

河南省民权县家庭农场个案调查为例》，硕士学位论文，东华理工大学，2015年。

田俊洲：《土地流转后农村家庭的社会风险状况研究》，学士学位论文，长江大学，2015年。

万江红、安永军：《农地资源供给与家庭农场的发生——基于孔明村的个案分析》，《华中农业大学学报》（社会科学版）2017年第2期。

万江红、管珊、钟涨宝：《农民专业合作社"规范困境"现象探析——来自湖北T合作社的个案》，《西北农林科技大学学报》（社会科学版）2014年第6期。

万江红、祁秋燕：《合作社服务功能需求优先序研究》，《学习与实践》2016年第8期。

万江红、苏运勋：《村庄视角下家庭农场的嵌入性分析——基于山东省张村的考察》，《华中农业大学学报》（社会科学版）2016年第6期。

万江红、孙明扬：《从"内生治理"到"事件治理"：土地调整逻辑的变迁》，《华中农业大学学报》（社会科学版）2018年第5期。

万江红、杨柳：《补充与补偿：以合约治理合约的双层机制——基于鄂中楚香家庭农场农业经营合约的分析》，《中国农村观察》2018年第1期。

王华春、唐任伍、赵春学：《引导土地流转增加农民收入》，《南京社会科学》2012年第9期。

王进：《农村土地流转过程中农民利益保障问题研究》，《农村经济》2009年第10期。

王晓平、张少冬、陈永胜、刘亚军：《农村土地流转的调查与思考——以甘肃省庆阳市宁县焦村乡任村为例》，《甘肃理论学刊》2012年第6期。

王肖芳：《我国家庭农场的发展困境与对策研究》，《中州学刊》2015年第9期。

王银梅、刘雨潇:《从社会保障角度看我国农村土地流转》,《宏观经济研究》2009 年第 11 期。

王雨:《发展农民专业合作社 推进土地使用权集中流转——武陟县乔庙乡马宣寨村发展专业合作社促进土地流转的调查》,《农经之窗》2009 年第 4 期。

韦彩玲:《土地流转"龙头企业 + 合作社 + 农民"模式的潜在问题及对策研究》,《甘肃社会科学》2012 年第 6 期。

魏丽、王莹:《供给侧改革中的农业保险》,《中国金融》2017 年第 10 期。

温铁军、刘亚慧、唐溧、董筱丹:《农村集体产权制度改革股权固化需谨慎——基于 S 市 16 年的案例分析》,《国家行政学院学报》2018 年第 5 期。

温铁军、刘亚慧、袁明宝:《创新农地金融制度》,《中国金融》2018 年第 10 期。

温月芬:《发展家庭农场需要关注的几个问题》,《品牌》(下半月期) 2014 年第 Z1 期。

文会中:《催生现代农业的新探索——湖南攸县"北坪模式"的启示》,《深度观察》2009 年第 3 期。

吴健:《产业结构调整和土地流转农业产业合作社形式》,《财经农业经济》2014 年第 5 期。

吴卫卫:《土地流转背景下农民专业合作社参与问题研究:以江西铅山县为例》,硕士学位论文,江西财经大学,2015 年。

吴毅:《何以个案 为何叙述——对经典农村研究方法质疑的反思》,《探索与争鸣》2007 年第 4 期。

吴毅、吴帆:《传统的翻转与再翻转——新区土改中农民土地心态的建构与历史逻辑》,《开放时代》2010 年第 3 期。

武林芳:《农户以土地承包经营权入股农民专业合作社的影响因素研究——以宝鸡市为例》,硕士学位论文,西北农业科技大学,

177

2011 年。

肖斌、付小红：《关于发展家庭农场的若干思考》，《当代经济研究》2013 年第 10 期。

邢芳凝：《农用地股份合作制改革与收益分配研究》，硕士学位论文，中国地质大学，2017 年。

徐辉：《农业新型经营主体家庭农场培育研究——基于湖北省的调查》，《学术论坛》2014 年第 1 期。

徐会苹：《德国家庭农场发展对中国发展家庭农场的启示》，《河南师范大学学报》（哲学社会科学版）2013 年第 4 期。

许汉泽、李小云：《精准扶贫背景下农村产业扶贫的实践困境——对华北李村产业扶贫项目的考察》，《西北农林科技大学学报》（社会科学版）2017 年第 1 期。

许恒周、曲福田：《农村土地流转与农民权益保障》，《农村经济》2007 年第 4 期。

薛兴利、岳书铭等：《尽快实现以市场为主配置农村土地资源》，《农业经济问题》2001 年第 7 期。

严海蓉、陈航英：《农村合作社运动与第三条道路：争论与反思》，《开放时代》2015 年第 2 期。

颜俊学、颜瑾：《基于精准扶贫分析我国中西部山区科技服务促进农民增收的成效——以湖北省宜昌市为例》，《青年论坛》2017 年第 8 期。

杨桂云：《规范与完善农村土地股份合作制流转模式研究》，博士学位论文，中南大学，2011 年。

叶剑平、蒋研、丰雷：《中国农村土地流转市场的调查研究——基于 2005 年 17 省调查的分析和建议》，《中国农村观察》2006 年第 4 期。

叶其蓝：《广东省家庭农场建设和经营管理模式的研究》，《南方农村》2014 年第 9 期。

尹广乐、张志伟、李成英等：《我国农村集体经济组织股份合作制改革研究》，《农业经济》2014年第9期。

尹奎杰、刘彤：《农村土地流转的政治学分析》，《江苏行政学院学报》2011年第2期。

袁明宝、朱启臻：《农地流转的地方实践形态》，《中国农业信息》2012年第19期。

袁明宝、朱启臻：《农地流转实践表达与农业经营主体的生成逻辑分析》，《古今农业》2014年第1期。

臧凯波：《我国家庭农场发展存在的障碍及应对策略》，《农村经济与科技》2013年第7期。

曾宪堂、邓学平：《欠发达丘陵地区家庭农场发展之路——四川南充市家庭农场的调查与思考》，《南方农村》2014年第1期。

曾祥明、汪传信、青平：《江汉平原农村土地流转研究》，《统计观察》2006年第2期。

张岑晟：《我国农村土地流转中的主要问题与政府作为》，《安徽农业科学》2011年第23期。

张翠娥、万江红：《传统与现代之间：农民专业合作社的发展困境》，《农村经济》2011年第9期。

张海波：《社会风险研究的范式》，《南京大学学报》（哲学社会科学版）2004年第3期。

张会萍、倪全学：《农村土地流转问题研究综述》，《宁夏社会科学》2011年第3期。

张静、段瑞娟：《农民合作社以土地流转方式经营农业现状分析——以引黄灌区宁夏中卫市沙坡头区为例》，《农村经济与科技》2016年第5期。

张三峰、杨德才：《基于农民异质性的土地流转、专业合作社与农业技术推广研究——以江苏泗阳县X镇为例》，《财贸研究》2010年第2期。

张珊、彭承玉、姜锡茂、贺思嘉：《影响家庭农场土地经营权稳定性的因素研究——以湖南省为例》，《山西农经》2018年第10期。

张小丽：《家庭农场经营模式的土地集中与流转机制构建探索》，《企业改革与管理》2014年第10期。

张艳冰：《社会工作视域下失地农民社会保障安置问题研究——以山东省G市为例》，硕士学位论文，西北师范大学，2012年。

张扬：《农村土地流转中农民权益保护的制度构建》，《农业经济》2011年第11期。

张照新：《中国农村土地流转市场发展及其方式》，《中国农村经济》2002年第2期。

张宗毅、杜志雄：《土地流转一定会导致"非粮化"吗？——基于全国1740个种植业家庭农场监测数据的实证分析》，《经济学动态》2015年第9期。

赵冬、许爱萍：《日本发展家庭农场的缘起、经验与启示》，《农业经济》2019年第2期。

赵青、高峰、陈健、肖化柱：《土地流转机制对湖南家庭农场发展的影响》，《合作经济与科技》2015年第12期。

赵伟峰：《新小岗模式的演进历程、路径分析及启迪》，《现代经济探讨》2012年第11期。

赵伟峰、王海涛、刘菊：《我国家庭农场发展的困境及解决对策》，《经济纵横》2015年第4期。

赵晓秋、李后建：《西部地区农民土地转出意愿影响因素的实证分析》，《中国农村经济》2009年第8期。

赵占兴：《加大资金扶持力度 破解土地流转难题——青海省湟中县加快农机专业合作社发展的探讨》，《农机合作社》2014年第4期。

郑风田：《家庭农场发展的两大难题》，《中国畜牧业》2013年第6期。

郑玉兰、杨孝伟、彭国莉：《土地流转对家庭农场适度规模经营的影响分析——以湖北省为例》，《产业与科技论坛》2018年第22期。

职雨地、李加荣:《创新土地流转机制 实现农业规模经营——焦作市孟香果蔬专业合作社破解土地流转新课题》,《农经之窗》2008年第5期。

钟涨宝、狄金华:《农村土地流转与农村社会保障体系的完善》,《江苏社会科学》2008年第1期。

钟涨宝、狄金华:《中介组织在土地流转中的地位与作用》,《农村经济》2005年第3期。

钟涨宝、汪萍:《农村流转过程中中的农户行为分析——湖北、浙江等地的农户调查问卷》,《中国农村观察》2003年第6期。

周杭:《个案工作介入农村失地老人精神慰藉问题研究——以吉安市天玉镇山背村为例》,硕士学位论文,井冈山大学,2016年。

周娟、姜权权:《家庭农场的土地流转特征及其优势——基于湖北黄陂某村的个案研究》,《华中科技大学学报》(社会科学版)2015年第2期。

周世民、何命军:《烟农专业合作社建设模式与职能:以长沙市为例》,《作物研究》2012年第6期。

朱建军等:《农地转出户的生计策略选择研究——基于中国家庭追踪调查(CFPS)数据》,《农业经济问题》2016年第2期。

朱启臻:《合作社市农业生产者的理想组织形式》,《农村经营管理》2018年第11期。

朱启臻:《农民专业合作社的发展方向——关于黑龙江讷河农民专业合作社联合社的调查》,《农业技术与装备》2013年第13期。

朱启臻、胡方萌:《新型职业农民生成环境的几个问题》,《中国农村经济》2016年第10期。

朱启臻、王念:《论农民专业合作社产生的基础和条件》,《华南农业大学学报》(社会科学版)2008年第3期。

朱潜力、李华:《我国县域乡镇精准扶贫路径研究——基于湖北省恩施市龙凤镇的经验考察》,《南方农村》2018年第2期。

朱雪融：《家庭农场发展的困境与路径选择研究》，《农业经济》2014年第4期。

（五）外文类

Binswanger H. P., Deininger G. E., Power, "Distortions Revolt and Reforming Agricultural Land Relations", *Handbook of Development Economics*, Vol. 3, No. 2, 1993.

Binswanger, Deinige, Power, "Distortions Revolt and Reform in Agricultural Land Relations", *Handbook of Development Economics*, No. 3, 2013.

Chen Yan, Ruan Min, Qiang Chang-wen, "Protection of Collective Rights of Rural Members in the Process of Land Transfer under Shareholding Cooperative Systems", *Asian Agricultural Research*, Vol. 2, No. 7, 2010.

Dollard J., et al., *Frustration and Aggression*, New Haven Yale University Press, 1939.

Dominic P. Parker, Salter N. Thurman, "Cros'ding Out Open Space: Federal Land Programs and The PS Effectson Land Trust Activity", *AAE-AShort Paper Tuesday*, No. 3, August, 2004.

Feder G. D., Feeney, "The Theory of Land Tenure and Property Rights", *World Bank Economic Review*, Vol. 5, No. 7, 1993.

Joshua M. Duke, Eleonora Marisova, Anna Bandlerova, Jana Slovinska, "Price Repression in the Slovak Agricultural Land Market", *Land Use Policy*, No. 21, 2004.

Karl, Arthur Wunderlich, "A New Instisutionalist Examination of Colorado's Coformunity-Based Land Trust", *Denver University of Colorado*, 2002.

Mahendra Reddy, Padma Lal, "State and Transfer in Fiji: Issues and Implications", *Pacific Economic Bulletin*, 2003.

Preston Sullivan, "Conservation, Easements", *Approprate Technology*

Transfer for Rural Areas, August, 2003.

Vikas R., Agrarian, "Reform and Land Markets: A Study of Land Transactions in Two Villages of West Bengal, 1977 – 1995", *Economic Development and Cultural Change*, No. 7, 2001.

Wegeren S. K., "Why Rural Russians Participate in the Land Market: Socio-economic Factors", *Post Communist Economics*, Vol. 15, No. 4, 2003.

Yagura, Kenjiro, "Effect of Intergenerational Asset Transfers on Land Distribution in Rural Cambodia: Case Studies of Three Rice-growing Villages", *Agricultural Economics*, No. 46, 2014.

Yagura, Kenjiro, "Intergenerational Land Transfer in Rural Cambodia since the Late 1980s: Special Attention to the Effect of Labor Migration", *Southeast Asian Studies*, Vol. 4, No. 1, 2015.

（六）英文专著

Smelser, N. J., *Theory of Collective Behavior*, New York Free Press, 1963.

Yoto Poulos P. A., Nugent J. B., *Economies of Development: Em2 Percale Investigations*, New York: Harperand Row, 1976.

后　　记

经历疫情后的武汉万物复苏，仿佛一切的美好刚刚开始。三月的雨格外多，樱园层层叠叠的樱花都被雨打落，唯有鹅黄色的迎春花还在倔强地开着。到武汉大学环境法研究所做博士后已经三年了，出站的日子将近，纵有不舍，仍要前行。本书的调研与写作都是博士后在站期间完成的，虽然不是严格意义上的出站报告，但无疑纪念了我在武汉和荆州来回奔波的日子。

犹记得2013年南京大学博士毕业后就有做博士后的想法，但那时没有明确的研究方向只能作罢。2014年晋升副教授之后还是希望能够有机会进一步学习，于是试着申请了社会保障方向的博士后，因为诸多原因没有进展。2015年开始申请国外访学，在恩师范可教授的推荐下，我于次年6月顺利到达澳大利亚国立大学，师从人类学系的Andrew Byron Kipnis教授进行为期一年的访问学习。在澳大利亚我延续了博士期间关于转基因作物的研究，有幸接触到从事转基因相关工作的学者，并在堪培拉和新南威尔士不定期开展了关于家庭农场方面的田野工作。2016年我的博士论文《悄无声息的"革命"？——转基因作物与一个华中乡村的社会变迁》顺利出版，随后"澎湃新闻"就拙著对我做了访谈，也引发了我对转基因作物、社会变迁、农村土地流转等问题的进一步反思，坚定了继续从事后续研究的想法。2017年回国之后着手申请环境法研究所的博士后，一则我在网上阅读到秦

后　记

天宝教授发表的转基因生物安全方面的文章，二则刚好获得时任长江大学校长谢红星教授的极力推荐，于是我慕名找到秦教授，2018年正式进入武汉大学环境法研究所博士后流动站。我是社会学背景，于环境法而言我是门外汉，但秦老师毫不嫌弃将我收归门下，让我有幸成为其弟子，我唯有感恩！

感谢博士后导师秦天宝教授！秦老师既是"长江学者"，也是国内外富有影响力的中青年法学家。秦老师是学术与人品兼具的一流学者，带给学生的影响是潜移默化的，少有的几次面授机会，我都获益匪浅。我一直在想，世界上怎么会有如此全面的人，正如秦老师丰富的学识与学者的魅力。秦老师待人谦逊、为人随和、做事高效，就算是百忙之中也会不忘处理学生的信息并及时给予回复和指导。说实话，跨专业选择环境法诚惶诚恐，很担心自己半途而废，但还是在恩师的鼓励下走到今天，无疑是秦老师给了我这个"笨学生"一个宽松的学习环境和做学问的榜样与动力。

本书的完成离不开一路给予我帮助的人。长江大学的同事张凡老师帮助我联系相关调查点，并委托其同学吴剑接洽，我得以顺利下到田野。感谢引路人金仁杰主任的细心安排，我的调研方能进展顺利。感谢村委会胡庆会主任向我提供相关信息和资料，感谢所有接受我调查与访谈的村民。

长江大学社会工作系的张敏敏老师是这个课题的参与者，对本书的完成做出了积极的贡献，并负责整理了第一章与第三章的部分资料。研究生赵清、曾林芸陪同我一起参与了田野调查，赵清负责本书第五章的资料收集和整理，曾林芸参与了本书第四章的访谈和资料整理工作。初稿于2019年9月全部完成，研究生徐贝贝、吴文婷参与了此书的校对。

本书为国家社科基金青年项目"土地流转后农村家庭的社会风险与保障机制研究"（项目批准号：14CSH021）的研究成果，其中国家哲学社会科学工作办公室委托的五位匿名专家给予了非常富有价值的修订意见，在此对匿名评审专家表达敬意。本书的出版同时得到了长江大学人文社科出版基金的资助，在此向长江大学人文社科处表示感谢。这是我在中国社会科学出版社出版的第二本书，感谢马明编辑的细致工作，才让本书得以顺利付梓。

  在此，我谨向所有参与此书相关工作的朋友和同仁表达诚挚的谢意！

  在武汉大学环境法研究所做博士后之余，我并未完全放下长江大学的教学与科研工作。常常头绪繁多事无巨细，很少有静下心来连续写作和思考的时间与空间，加之本人学术水平比较有限，书中的内容难免会有疏漏和不妥之处，恳请广大读者批评指正。

胡艳华

2021 年 3 月 18 日

于珞珈山